本项目受湖北省社科基金项目"城市更新中的房屋征收补偿研究——来自湖北省的实证"（项目编号2017019）资助

中南财经政法大学公共管理文库

# 行为经济学视角下
# 房屋征收补偿研究

王 玥 著

中国社会科学出版社

**图书在版编目(CIP)数据**

行为经济学视角下房屋征收补偿研究 / 王玥著 . —北京：中国社会科学
出版社，2019.8

(中南财经政法大学公共管理文库)

ISBN 978-7-5203-4614-6

Ⅰ.①行… Ⅱ.①王… Ⅲ.①房屋拆迁-土地征用-补偿-研究-中国
Ⅳ.①D922.181.4

中国版本图书馆 CIP 数据核字(2019)第 122319 号

| | | |
|---|---|---|
| 出 版 人 | 赵剑英 | |
| 责任编辑 | 李庆红 | |
| 责任校对 | 闫 萃 | |
| 责任印制 | 王 超 | |

| | | |
|---|---|---|
| 出　　版 | 中国社会科学出版社 | |
| 社　　址 | 北京鼓楼西大街甲 158 号 | |
| 邮　　编 | 100720 | |
| 网　　址 | http：//www.csspw.cn | |
| 发 行 部 | 010-84083685 | |
| 门 市 部 | 010-84029450 | |
| 经　　销 | 新华书店及其他书店 | |

| | | |
|---|---|---|
| 印　　刷 | 北京明恒达印务有限公司 | |
| 装　　订 | 廊坊市广阳区广增装订厂 | |
| 版　　次 | 2019 年 8 月第 1 版 | |
| 印　　次 | 2019 年 8 月第 1 次印刷 | |

| | | |
|---|---|---|
| 开　　本 | 710×1000　1/16 | |
| 印　　张 | 12 | |
| 插　　页 | 2 | |
| 字　　数 | 203 千字 | |
| 定　　价 | 59.00 元 | |

# 目　　录

# 第一章　绪论

## 第一节　研究的背景和意义

### 一　研究背景

2016 年 11 月中共中央国务院《关于完善产权保护制度依法保护产权的意见》指出"完善土地、房屋等财产征收征用法律制度，合理界定征收征用适用的公共利益范围，不将公共利益扩大化，细化规范征收征用法定权限和程序。遵循及时合理补偿原则，完善国家补偿制度，进一步明确补偿的范围、形式和标准，给予被征收征用者公平合理补偿"，对当前国有土地上房屋征收补偿工作程序规范化、补偿公平性提出了更高的要求。

2011 年国务院颁布《国有土地上房屋征收与补偿条例》（后简称《条例》）后，各地的房屋征收工作处在规范化、程序化、法制化的探索阶段。《条例》中"对被征收房屋价值的补偿，不得低于房屋征收决定公告之日被征收房屋类似房地产的市场价格"，明确了市价补偿原则，比之重置价格为原则的补偿，有了很大的进步。但是房屋征收中冲突还是时有发生。市价补偿是公平补偿吗？被征收人的受偿意愿是什么？他们作出征收补偿决策的逻辑是什么？如何规范与改进当前的征收补偿政策？这是本书尝试回答的问题。

（一）强化征收政策供给是城市更新、实现土地集约利用的必要举措

经过改革开放以来四十年的建设发展，我国城镇化率已经大幅度提高，然而依然落后于同一发展时期发达国家的水平。目前，在外贸下滑，内需不足的情形下，加快城镇化建设已然成为保持我国国民经济平稳健康可持续发展的必要举措。另外，城镇化建设的加速又进一步加剧了原本紧张的人地关系，在保证耕地供给刚性红线的基础上，城市发展必须充分实

现原有城市建设用地的有效利用，即集约利用现有的城市建设用地。从发达国家已有经验看，城市更新也就是旧城改造通常是在城市化基本完成以后才开始的，即城市化高潮过后，以拆除破败建筑、维修和提升基础设施、完善城市功能的城市更新才随之逐步展开。我国经济社会的高速发展和人地关系的客观现实使得城市化高潮和城市更新高潮出现叠加，从而对旧城改造相关的政策供给提出更高的要求。

（二）规范房屋征收行为，缓解征收矛盾是城市更新顺利推进的关键环节

房屋征收是一把效率与公平的双刃剑。一方面通过国有土地上房屋征收进行旧城改造更新了老城市的物质生活环境，并提供了更多的城市发展空间，使得地尽其用，且为城市带来更多的税收和就业岗位。另一方面也是对原住民固有生活方式的强制性改变和对其房产增值预期的褫夺。自20世纪90年代以来，我国城市化进程之中因拆迁而引发的各类矛盾、冲突和群体性事件高频率发生，违拆、强拆引发的集体上访、暴力对峙等层出不穷。矫正征地过程中地方政府的角色错位，避免公权力对私权利的过度侵害已经成为我国房屋征收立法必须解决的制度节点之一。

（三）建立合理的征收补偿机制，实现对私有财产的充分保护是我国房屋征收立法的根本目标

对被征收房屋补偿标准的压制是旧城改造中产生社会冲突的主要原因（Wu，2004）。在白友涛、陈赟畅（2008）对南京、上海、杭州等城市的旧城改造社会成本进行的实证调查和研究中，发现当前拆迁矛盾产生的重要原因的前三位是补偿标准低、补偿政策落实不到位、安置区域不能令人满意。这三项都是与补偿机制及实施相关联。其中补偿价格是征收拆迁中最敏感地带。补偿价格与市场价格以及被拆迁人心理预期的巨大差距是导致激烈抗拒征收拆迁的主要原因。在我国建设社会主义市场经济的进程中，实现对私有财产的充分保护是一切制度的前提和根本目标之一。房屋作为我国公民最重要的私有财产之一，建立合理的征收补偿机制，实现对被征收人的完全补偿理应成为社会主义法律体系中的重要内容。

## 二　研究意义

（一）理论意义

1. 被征收人主观价值分析有助于拓宽房屋征收补偿的理论视角。以

房地产估价理论为依据的房屋征收补偿实践，只是从房屋的物质价值（成本法）、市场价值（市场比较法）来评估房屋补偿价格，忽略了被征收人的主观价值因素。本书尝试运用效用价值理论和福利经济学相关理论，提出被征收人对住宅价值的认知模型，并通过实证进行检验、修正，从而实现对现有房屋征收补偿理论的有益补充。

2. 被征收人征收意愿研究有助于丰富房屋征收中的微观主体决策理论。关于通过旧城改造来盘活城市存量土地问题，城市规划学、城市经济学、经济地理学和人文地理学等领域的学者们已经进行了充分的讨论，但是以旧城改造中的微观主体——被征收人为研究对象的文献还比较少，特别是关于他们的参与意愿、受偿意愿的影响因素等方面的研究还很薄弱。

3. 被征收人征收中的伦理行为分析有利于将社会行为学的研究方法在房屋征收领域加以运用。政府征收行为引发的大量恶性事件说明房屋征收和补偿问题并不能单纯地从经济学角度进行研究，情感、满意度、感知等这些无法被直接观察的伦理特质的因素同样会影响被征收人的行为。本研究尝试用社会行为学的研究方法去测度这些潜在的特质以及其对被征收人的行为影响。

4. 被征收人征收意愿研究对于农地征收、征用政策的制定具有参考借鉴意义。国有土地上的房屋征收与农民集体所有土地的征收补偿，除了征收的客体有所差异以外，两者均属于财产征收范畴。关于补偿原则、补偿办法及征收程序的研究，两者具有相互借鉴性。

（二）现实意义

1. 从征收实践角度看，有助于提高征收行为的工作效率和公平。被征收人补偿意愿及其影响因素的研究，为政府和开发商在旧城改造项目征收决策，比如如何提供双方满意的补偿方案、如何在不损害被征收人利益的前提下加快谈判速度等方面提供参考依据。

2. 从土地利用角度看，有助于优化土地资源配置。通过研究被征收人的主观意愿，从而在开发成本和受偿意愿间寻求最佳结合点，为政府征收决定的补偿价格提供有效指导，从而使得土地用途的转换通过竞租原则实现从较低层次向较高层次转换。

3. 从社会福利角度看，有助于在房屋征收中实现帕累托改进。在旧城改造中，政府通过对旧城区危旧房屋的征收及再开发，可以为城市带来更多的土地利用空间和更好的公共配套设施，改善社会公众福利。但对被征收者而言，征收行为会在不同程度上造成其个人福利损失。研究并形成对被征收者的补偿政策、措施有助于在公众福利和个人利益间实现平衡，从而实现征收中的帕累托改进。

## 第二节　相关概念界定

### 一　住宅征收

#### （一）征收与征用

"征收"和"征用"这两个概念因其内涵界定不明而导致长期混用。2004 年宪法修正案和其后的《土地管理法》《物权法》先后对"征收"与"征用"做出了规定。所谓征收是国家在法律规定的条件下，在提供补偿的前提下，强制取得自然人和法人的财产所有权的行为，征收权的客体是私有财产的所有权与其他财产权利。国家行使征收权必须同时满足下列三个条件：征收目的是公共利益；征收遵循严格的法定程序；向被征收财产的所有者提供公平合理的补偿。所谓征用则是在紧急状态下政府以国家名义强制使用公民和法人财产的行为。征用权的客体是私有财产的使用权，征用的期限是有限的。紧急状态的公布是国家征用权得以行使的先决条件。国家并不一定对征用财产的所有者负有补偿义务，除非被征用的财产在征用期间发生损坏。

征收、征用有许多共性：首先，两者都是国家基于公共利益的需要对公民财产权的限制，并且都涉及公民财产权的褫夺问题；其次，两者都是通过运用公权力对公民私有财产进行的限制行为。

征收、征用的区别在于：第一，适用范围不同。征收主要适用于不动产；征用既适用于不动产，也适用于动产；第二，法律效果不同。一般来说，征收要强制移转所有权，实现所有权的永久性的移转，所以征收是国家对私人所有权所采取的具体而特别的干预；征用的目的在于获得使用权；第三，补偿标准不同。尽管征收在性质上不同于买卖，且征收也不以完成补偿为前提，但征收应当考虑到市场价格和被征收人的相关利益；征用则主要是对所征用之物本身的损害给予补偿，不包括相关的利益；第四，适用条件不同。征用一般是在紧急状态下才能采用，紧急状况主要指公共事务、军事、民事的重大紧急需求等；而征收则主要因公共利益需要进行。[①]

在英语国家，比如美国，征收和征用都用"taking"表示，其范围包括"政府通过以下任何一种手段：①驱逐所有者；②破坏财产；③严重削弱财产的效用，实际或者有效地取得私有财产的行为。[②] 只要政府的行为直接或者实质性地干预了所有者对财产的使用，就构成"taking"。这个词既可以表示征收，也可以表示征用。因为包含多种类型的征收，因此它常以复数形式"takings"出现。另一个相关词语"eminent domain"主要表示国家的征收权，但也可以用来指代征收行为。针对实物的一般征收行为在美国被称为"condemnation"或者"physical taking"，在英国则被称为"compulsory purchase"和"expropriation"。按照美国法的分类，财产征收可以分为三类：①为了公共目的，在提供补偿的条件下对不动产所有权的强制转移，称为实体征收（physical taking 或 condemnation）；②造成财产权人特别牺牲的公权力对财产权的过度限制，为管制征收（regulatory taking）；③对财产权造成严重侵害的其他公权力行为，称为事实征收（de facto taking 或 inverse condemnation）。

（二）征收与拆迁

2011 年以前，我国国有土地上的土地使用权收回和房屋拆除都使用"行政拆迁"一词。2011 年 1 月 21 日《国有土地上房屋征收补偿条例》颁布之后，对国家强制收回土地使用权和房屋的行为进行了规范，同时《城市房屋拆迁管理条例》废止。

事实上，拆迁过程与征收过程显现的是两种完全不同的权力运行方式。征收是一种法律制度，显示的是一种权力，一种建于合法性之上的权力。拆迁显示的是一种强力，一种压倒对手的物质性暴力（涂四益，2010）。就拆迁的含义而言，包括"拆"和"迁"两个方面，"拆"是指拆除地上的建筑物和其他设施，"迁"是指迁移他处（或者重新安置）。实践中在未征收前就通过一纸命令进行拆迁的做法很容易造成对公民财产权的侵害。因为法律对公民财产权的保护，主要集中在征收这一环节，拆迁之后再讨论征收补偿问题，不仅程序违法，也让被拆迁人处于非常不利

---

① 王利明：《物权法草案中征收征用制度的完善》，《中国法学》2005 年第 6 期。

② Garner, B. A., eds., *Black's Law Dictionary*, St. Paul, MN：West, 2004.

的境地。

本书研究的是新条例颁布后的住宅征收补偿行为，但是论述中会涉及之前大量的房屋拆迁文献，因此会出现"征收"与"拆迁"并存的现象，这是由研究背景所决定的。

（三）住宅征收与房屋征收

房屋，根据《中国大百科全书》的解释是：一般指上有屋顶，周围有墙，能防风避雨，御寒保温，供人们在其中工作、生活、学习、娱乐和储藏物资，并具有固定基础，层高一般在 2.2 米以上的永久性场所。[①] 可见房屋的概念大于住宅。房屋除住宅外还包括商场、办公楼、工厂等。因为用途不同，房屋的价值不同。为统一研究对象的价值内涵，本书选取住宅为研究对象。本书所指的住宅是国有土地之上使用权性质为住宅用地的房屋，且房屋所有权人对该房屋用于居住而非经营所用。

**二　受偿意愿**

房屋征收的补偿形式有货币补偿和实物补偿两类。本书所指的受偿意愿是被征收人所愿意接受的补偿数量，是用两种补偿形式所依据的货币数量，用 WTA 表示（Willingness to Accept）。

# 第三节　研究内容、研究方法和技术路线

**一　研究内容**

本书主要研究内容包括：

（1）中美房屋征收制度的对比及国内外相关研究综述。通过对中美房屋征收制度中关于征收权使用前提、补偿办法、征收程序三方面的对比，为研究综述进行制度背景介绍，也为本书对我国房屋征收制度的政策建议作出铺垫。研究综述的主要目的则在于通过对国内外相关文献的检索与整理，把握征收权的使用前提、补偿原则、补偿办法、被征收人行为研究方面的研究进展与最新观点，以避免低层次的重复研究。

（2）全国房屋征收补偿政策调查。为了解目前我国不同地域、不同

---

[①] 《中国大百科全书》，中国大百科全书出版社 2013 年版，第 653 页。

城市类别的房屋征收补偿的现状情况，开展了以实地调研与问卷调查相结合的方式的全国房屋征收补偿政策调查工作。由住房和城乡建设部房地产司向全国不同类别、不同地域的城市发送《房屋征收补偿政策调查提纲》统计，一共收集 43 个市、县的问卷。同时，为深入了解房屋征收补偿政策的不同模式，课题组走访了武汉市、广州市、南京市、宜昌市 4 座城市的房屋征收管理处。

（3）市场价格作为补偿依据的不完全性。通过被征收住宅的价值构成与市场价格构成的对比，揭示被征收人不满足于以市场价格作为补偿依据的原因。并以武汉市为样本，采集了全市 92 个征收项目的 900 多户样本数据，分析征收评估价格与周边新建商品房价格关系。

（4）建立旧城改造中被征收人受偿意愿认知模型。本书设定的目标是保持被征收人征收前后福利水平不变，以阿马蒂亚·森可行能力理论为指导发展特征价格理论，从而构建以"被征收人"为中心、功能满意度为自变量的受偿意愿模型。根据居住满意度、住宅特征价值等要素设定住宅功能维度，以利于功能满意度的测量及对受偿意愿影响的进一步分析。

（5）纳入公平偏好理论的受偿意愿模型改进。行为经济学认为，人并非是完全自利的，还存在"利他"性的追求。基于此，本书以公平偏好理论为指导，将受偿意愿模型进行改进，在被征收住宅的效用函数中纳入被征收人公平感知这样一个"社会性效用"要素。根据对公共政策研究中现有公平偏好研究成果和制度实践对住宅征收中公平偏好的测量维度进行假设，构建征收环节公平偏好的测量与对受偿意愿影响进一步分析的平台。

（6）采用大规模问卷调查，运用结构方程模型对模型进行验证。由于本研究中关于各功能的满意度与公平感知均属于潜在变量，无法直接测量，因此拟采用结构方程模型作为研究工具。设计功能满意度和公平感知量表，选择黄石市列入旧城改造范围的 23 个社区作为调查点收集有效样本 493 份。用 AMOS 软件对模型进行修正，得出实证结论。

（7）根据实证研究结果，从行为经济学角度诠释被征收人在征收决策逻辑，揭示征收冲突的认识根源在于被征收人与政府对房屋的价值评价体系差异。

（8）总结研究结论，提出政策建议。将实证研究的结果进行综合分析，形成本书主要结论。根据结论得到的启示，结合制度比较提出完善我国房屋征收制度与实施办法的建议。

## 二　研究方法

1. 文献分析与比较分析法。通过大量的文献检索和阅读，梳理和总结国内外关于财产征收相关问题的研究现状，确定本文研究内容和研究框架；通过福利经济学、行为经济学经典著作的研读找到研究对象的解释框架；通过中美征收制度的比较，找出差异及美国征收制度可借鉴之处，为我国的征收制度完善提供参考。

2. 问卷调查与访谈相结合。本研究通过问卷调查与访谈，从各地政策供应层面、分户补偿数据层面、被征收人意愿层面收集了大量一手数据。

为了解目前我国不同地域、不同城市类别的房屋征收补偿的现状情况，开展了以实地调研与问卷调查相结合的方式的全国房屋征收补偿政策调查工作。由住房和城乡建设部房地产司向全国不同类别、不同地域的城市发送《房屋征收补偿政策调查提纲》统计，一共收集43个市、县的问卷。同时，为深入了解房屋征收补偿政策的不同模式，课题组走访了武汉市、广州市、南京市、宜昌市4城市的房屋征收管理处。

为了解房屋征收补偿价格与周边新建商品房的关系，以武汉市为样本，采集了全市92个征收项目，900多户样本数据，分析征收评估价格与周边新建商品房价格关系。

为能验证被征收人受偿意愿的行为经济学解释模型，课题组对黄石市进行了访谈与问卷调查相结合的调查方式，回收有效问卷493份。首先，同参与过旧城改造房屋征收的居民、城市管理者进行问卷设计前的访谈工作，了解来自一线的经验与诉求。在问卷设计后通过对相关研究人员和房屋征收工作人员的访谈与试填，对问卷进行修正。正式调查阶段，采用大规模入户随机抽样调查的方法，对黄石市列入或拟列入征收计划的23个国有土地性质的社区被征收人的家庭个人情况、房屋状况进行信息采集，确定样本特征；采用意愿调查法，对被调查者的受偿意愿进行调查，同时也收集他们的征收意愿；采用李克特量表的形式，对被征收人对住宅的功能满意度与征收公平感知进行测量，为实证分析提供数据资料。

3. 多学科综合方法。综合福利经济学、行为经济学、管理学及社会学等学科的理论基础与研究方法，突破传统的房地产价格理论，在现有的关于房屋征收补偿研究的基础上进行社会统计和分析，尝试主观因素定量化研究的新思路，即通过理论分析构建假设模型，再采集问卷数据运用计量经济模型进行实证研究。

三 技术路线

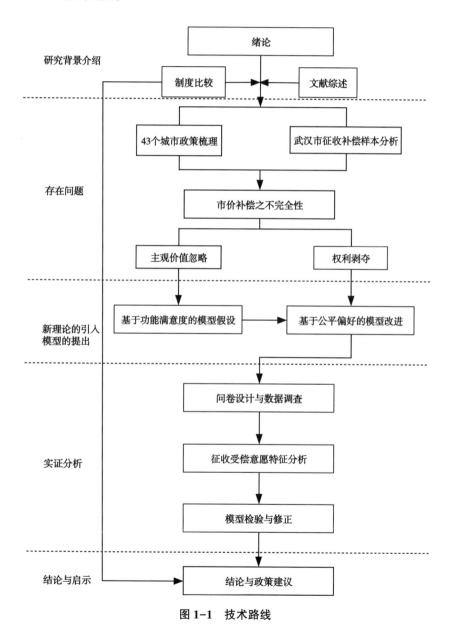

图 1-1 技术路线

# 第二章　中外房屋征收制度比较与研究动态

## 第一节　典型国家制度概览——中美房屋征收制度比较

### 一　征收客体及价值内涵比较

在我国，国有土地上房屋其所有权人通过支付地租（出让金）获得土地使用权（建设用地使用权），因此征收者——国家征收的是土地使用权和地上附属物。由于土地所有制不同，中美城市房屋征收客体是不同的，因而其价值内涵也不同。美国实行的是土地私有制，土地与地上附属着物具有不可分割性，政府如果要征收一处私人房屋，那么其征收对象至少包括该房屋所占土地之所有权、地上附着物所有权及可能的其他财产权利。

（一）土地所有权

土地属于不动产。由于土地的不可移动性、不可替代性和有限性使得其成为重要的生产资料、生活资料和社会保障资料，土地所有权也成为征收制度的重要标的。

（二）地上附属物所有权

地上附属物是依附于土地存在的物之总称，包括建筑附属物（土地上的建筑物和构筑物）和农用附属物（农作物、林木、花草和其他植物）等。

（三）土地所有权以外的其他财产权利

土地所有权以外的其他财产权利包括土地上负担的物权、特许物权或因公权力所致之公民的财产性权利损害。土地所负担之物权通常指土地上之用益物权和担保物权，如永佃权、地上权、建设用地使用权等。土地之特许物权指经行政许可而获准之对地上或地下特定资源进行开发并获利的资格，如采矿权、渔业权、林业权等。

对其他财产权利的征收通常与对土地所有权的征收一并进行（此时这些财产权利人与土地所有人一起处于被征收的地位），在土地所有权已经属于征收人或管制征收场合，也可以与所有权的征收分离进行。

## 二　征收权使用前提的比较

征收制度的重要特征是不完全需要财产权人的同意就可强制取得其财产。近代以来，财产权不可侵犯早已成为立法的基本原则，征收制度与所有权神圣的理念之间所存在的对立使得该制度的实施必须具备充分的合理性和合法性。这一验证通常是通过合宪审查和公共性审查来完成的。公共利益的正当性以及征收权行使的公共目的性使得征收权的合宪性得以成立，从而成为评判征收实践中一项具体征收行为是否合法的根本标准和防止征收权滥用的重要措施（王太高，2004）。

（一）美国征收制度中的合宪性审查

美国宪法第五修正案规定："私有财产非经公平补偿，不得为公共使用而被征收。"这一条款被称为征收条款，它赋予国家为"public use"（公共使用）而对私有财产进行征收的权力。美国是一个联邦制国家，除了让渡给联邦政府的权力之外，各州政府保留其他权力。在不与联邦宪法和法律冲突的前提下，各州有权制定各自的宪法和法律。根据普通法的遵循先例原则，一旦联邦最高法院就某一类案件给出了判例，各州的法院都应该遵循该判例确定的规则进行审判。因此，要研究美国的财产征收法律，必须在对联邦最高法院的判例进行考察的同时，也将目光投向州法院作出的具有较大影响的典型判例。在联邦最高法院作出的以征收目的是否合宪作为主要争议点的判决中，最有影响的是 1954 年的 Berman v. Parker 和 2005 年的 Kelo v. City of New London 判例。争论聚焦于以下两方面：

第一，将所征收之财产提供给私人使用是否违宪？

宪法征收条款要求财产征收必须为"公共使用"的目的才能进行。对"公共使用"的传统解释认为，只有将被征收财产交由代表国家的政府，或者政府授权的机构和组织使用才满足公共使用的要求。但随着时代的发展，在这个问题上，无论是主张国家干预的一方，还是主张私权保护的一方，一致的认识是将征收财产提供给私人进行使用和开发，并不必然违反宪法征收条款的"公共使用"要求。判断这种征收项目是否违宪的关键，是建设征收项目是否以增进社会公共福利为目的。

　　美国征收法的新时代是由 Berman 案开启的。该案发生在 20 世纪五六十年代城市更新（City Renewal）运动的高潮期。Berman 拥有的商业用房本身并不属于贫民窟，但却位于政府划定的城市更新区域，即被征收后将交给私人企业进行开发。他认为政府将自己的私有房地产征收后交给私人企业使用，违反了宪法征收条款中的"公共使用"规定。在判决中，联邦最高法院的大法官们一致认为，旧城改造属于"公共使用"的范畴，只要政府进行征收的目的符合宪法要求，则无论被征收的房屋是否属于住宅、被征收房屋的使用者是政府还是私人，都不影响征收的合宪性。判断征收是否符合公共目的，关键在于征收项目是否能够增进"公共福利"（public welfare）。

　　第二，为促进经济发展而进行的征收是否满足宪法中"公共使用"要求？

　　近年来，为促进经济发展而进行的征收是否满足宪法中"公共使用"要求，成为美国法律界争论的焦点。这个问题可以重新表述为：在没有其他因素的支撑下，单纯的经济发展是否构成可以使征收合宪的公共目的？

　　2005 年，联邦最高法院用 Kelo 案的判决表明了对于此类征收的支持态度。1998 年，新伦敦市决定将一片街区征收后改建为科技园区并提供给药业巨头辉瑞公司建立研发机构。该决定遭到了以 Susette Kelo 为首的部分住户的坚决反对，并引发了美国历史上最受关注的一场征收诉讼。联邦最高法院的 9 名大法官在此案上分成了观点鲜明对立的两派。支持新伦敦市的一方以 5∶4 的微弱优势"胜出"。多数意见认为，"经济发展"满足公共使用要求。其理由包括以下三点：①公共使用是一个广义的概念。它与警察权有着相同的边界。警察权允许联邦、州和各地方政府为增进公共福利而采取行动；②历史上政府一直通过行使征收权来推动经济的发展。这种行为的合法性已经在之前最高法院的判决中得到了确认。法院认为，Berman 案中华盛顿特区为旧城改造而进行的征收同样具有促进经济发展的目的，与新伦敦市的征收行为具有相同的性质。③无法找到一个原则性的标准将发展经济与其他已经被认可的"公共使用"区别开来。

　　对于该判决中体现出的强烈的"国家干预"立场，从法官到议员，从学者到公众，全美范围内都出现了批评的声浪。议员们纷纷提出议案，要求限制政府的征收权力。一年之后，布什（Bush）总统签署命令，禁止联邦政府为公共工程以外的目的征收私有财产。随后大部分州通过了限制征收的法案。这些法案或者禁止为"发展经济"而行使征收权，或者为征收目的规定更多的限制条件，或者对确定征收的合法性规定了更加严格的审查程序。①

（二）我国立法对于公共利益的界定

我国有关财产征收的法律规范分散在不同层级的各种法律文件中，这其中，作为国家根本大法的宪法的相关规范尤其重要。宪法2004年修正案中，第十条和第十三条规定了财产征收制度。第十条规定"国家为了公共利益的需要，可以依照法律规定对土地实行征收或者征用并给予补偿"，第十三条规定："国家为了公共利益的需要，可以依照法律规定对公民的私有财产实行征收或者征用并给予补偿。"宪法第十条所指的土地征收既包括对集体土地所有权的征收，也包括对国有土地使用权及其他地上权的征收。第十三条的"对私有财产的征收"指的是对地上附属物的所有权的征收。宪法的上述条文概括性地规定了征收制度的主体架构，也为下位法的制定提供了立法依据。

2007年颁布的《物权法》规定了财产征收制度。第四十二条："为了公共利益的需要，依照法律规定的权限和程序可以征收集体所有的土地和单位、个人的房屋及其他不动产。"随后全国人大对《城市房地产管理法》进行了修订，增加了第六条："为了公共利益的需要，国家可以征收国有土地上单位和个人的房屋，并依法给予拆迁补偿……具体办法由国务院规定。"

尽管宪法和《物权法》确立了财产征收规范，但由于立法对"公共利益"的内涵和外延均缺乏界定，从而导致一系列城市房屋拆迁问题和纠纷。公益拆迁和商业拆迁混淆不清，为数不少的商业拆迁都搭了便车，以公共利益之名，行谋求私益之实。同时还在一定程度上为政府权力滥用和寻租行为留下空间。公益拆迁范围不正常的延伸使得利益相关者之间的均势被打破，从而激发了社会各个阶层的矛盾和冲突，更对城市建设的进程、经济发展和社会稳定形成巨大破坏。

2011年新颁布的《国有土地上房屋征收补偿条例》（以下简称《新

---

① Lopez E, Totah S, "Kelo and its Discontents: The Worst (Or Best?) Thing to Happen to Property Rights", *The Independent Review*, 2007, 11 (3).

条例》）对此作出了积极回应。立法采用了一般条款加列举条款并用的方式对公共利益进行了定义。公共利益的概念表述为："为了保障国家安全、促进国民经济和社会发展等公共利益的需要，有下列情形之一，确需征收房屋的，由市、县级人民政府作出房屋征收决定：1. 国防和外交的需要；2. 由政府组织实施的能源、交通、水利等基础设施建设的需要；3. 由政府组织实施的科技、教育、文化、卫生、体育、环境和资源保护、防灾减灾、文物保护、社会福利、市政公用等公共事业的需要；4. 由政府组织实施的保障性安居工程建设的需要；5. 由政府依照城乡规划法有关规定组织实施的对危房集中、基础设施落后等地段进行旧城区改建的需要；6. 法律、行政法规规定的其他公共利益的需要。"由此，公共利益的范围得以清晰，房屋征收中涉及的公共利益实现了有法可依、有章可循。

对于上述定义，理论和实践中尚存的争议点在于将旧城区改造划归公共利益范畴的第5项。由于旧城改造区一般都在城市中心区最具价值的区域，除原地安置被征收居民外，剩余建筑面积大部分用于商业开发方能达到项目内的资金平衡。而要完成成片的商业开发，需要有相对规整的地块，必然涉及不在危旧房之列的房屋征收。因此，该条款实际上存在三个未决的问题：第一，危旧房如何界定？第二，危旧房征收后用于商业开发是否算公共利益？第三，为项目开发需要，80%的危旧房改造需要附带20%的非危旧房搬迁，那20%的非危旧房是否应该归于征收之列？

（三）本节小结

征收目的是否属于"公共利益"或因"公共使用"需要，是中美两国行使征收权的共同前提。① 两国在公共利益或公共使用的认定方面采用了不同的路径，作为判例法传统的国家，美国把联邦法院典型案例的判决书作为先例予以遵循，属司法认定范畴；我国则遵循大陆法成文法传统，通过立法实现对公共利益内涵和外延的界定。两国的上述方式并不存在实质性的冲突，而是由各自的政治制度和法律文化传统造成的制度外部差异。

关于旧城改造中的房屋征收是否属于"公共利益"，美国司法实践中

---

① 本书认为，两者的含义相似。从上文分析案例可以看出在美国"公共使用"的含义已经逐渐向"公共利益"靠拢，并非单纯的为公共项目的使用，而是从对最后的受益结果主要为"公"还是"私"来判断。在下文的论述中，用"公共利益"取代"公共用途"。

也存在争议。虽然我国《新条例》将危旧房改造列入了公共利益的范畴之内，但征收目的的"公共利益性"对征收进度、被征收人的配合度、受偿意愿等的影响尚需认真评估。下文也将就此展开针对性研究。

### 三　补偿内容比较

征收补偿之所以必要，乃是由于被征收者为公共利益而承受了特别牺牲。必须通过支付补偿的方式使这种牺牲由全社会共同负担，才符合财产权平等保护的原则。

（一）美国征收补偿办法的具体实施

1. 补偿原则

美国联邦最高法院曾经对宪法第五修正案中的"公平补偿"概念做出这样的解释："完全并完美地等价于被征收财产，使所有者的经济地位与财产与没有被征收的情况下一样的值钱。"[①]"公平补偿"是美国宪法确认征收的一项基本准则，也是对公权力的实质性约束。制宪者认为这种征收是为了公共利益而对被征收者所施加的负担，因而要全社会成员补偿其损失是公正的。否则，被征收者和他人相比就承受了不成比例的负担。另外，"公正补偿"也有利于政府将征收成本内在化，补偿所必须支付的高昂成本是防止政府过度使用征收权的最有效手段。如果不存在"公平补偿"规定，政府很可能就会积极的征收更多的土地以降低自己的投入成本，而这种做法对整个社会来讲往往是浪费资源并低效的。[②]

最高法院对"公平补偿"作出判断时，主要依据"公平的市场价值"对财产所有者的损失进行评估，同时遵循"最高和最佳使用"原则。[③]"最高和最佳使用"原则指的是一个理性的买家如果相信该不动产未来用途的价值会上升，必定愿意出价更高。因此，所谓公正的市场价值应当考虑到该财产未来用途的价值及其开发潜力所带来的开发价值，而不局限于财产的当前用途。法院的主要判断标准是该财产未来升值是否存在"合

---

① United States v. Miller. 317 U. S. 369. 1943.

② Heller M. A, Krier J. E, "Deterrence and Distribution in the Law of Takings", *Harvard Law Review*, 1998, 112 (5).

③ Interagency Land Acquisition Conference (2000), uniform Appraisal Standards for Federal Land Acquisitions, Chicago, IL: The Appraisal Institute.

理的可能性"，如果存在合理的可能性，法院应将此可能性纳入估价考量的范围；反之，法院就不应加以考虑。

在 Kelo 案后，一些州在征收补偿上采用了加成补偿的新标准。所谓加成补偿标准是指在市价补偿的基础上，再额外地给予被征收人一定比例的补偿，作为对其附随损失的补偿。比如密歇根州的征收法就规定了征收家庭住宅要考虑房主的情感因素，补偿应按照正常的市场价值的 125% 补偿，如果一个家庭在同一栋房子居住时间满五十年以上的要按照市场价值的 150% 予以补偿。此外，堪萨斯州、密苏里州和印第安纳州的征收法也都规定要给予被征收人市场价值 125% 至 200% 不等的补偿。①

2. 争议解决机制

当补偿数额出现争议时，一般是由征收者提供证据（包括通过证人证言）并提出一种或多种可接受的测量价值方法，征收者通常会倾向于选择财产价值较低的证据；而财产所有人提交的证据常常采用观点针锋相对的专家证据。争议最后由陪审团、委员会或法院根据双方证据的可靠性来做出判定，裁判者可能接受一方提交的价格，但更多时候是选取一个折中的方案或价格，裁判方最后确定的补偿价格就是该征收物的市场价值。征收者必须给予财产所有人补偿，包括从征收日期开始计算的利息。

3. 估价机构选择

各个州政府根据自身情况都有各自的估价机制。以纽约州为例，纽约的 MAI （ Member, Appraisal Institute. ） 征收物业估价机制对于政府估价师的选派做了详尽的规定。MAI 由估价师协会中最有威望的成员组成。当需要征收评估的时候，由估价委员会决定雇用哪位估价师。大约有 50 位经过资格审查的 MAI 估价师会出现在名单上。估价委员会由 12 位成员组成，其中 6 位是纽约市的公务员、3 位是征收事物方面的律师、3 位是税法方面的律师。虽然规定估价师对估价方法和信息来源有自由裁量权，但无论政府估价师还是被征收方估价师使用的估价方法一般都是市场比较法。

征收程序方面，城市管理与服务部门 （ the Department of Citywide Administrative Services） 会对拟征收物业做预评估以用于跟业主谈判。如果

---

① Epstein R. A, *Takings: Private Property and the Power of Eminent Domain*, Harvard University Press, 1985.

谈判失败，政府就会启动征收程序。政府法务部门此时将委托第三方估价师对物业进行估价。被征收人有三个选择："接受出价且补偿金额一次付清""拒绝出价但把该价格作为预付款接受""拒绝出价"。在后两种情况下，政府会向最高法院提出征收备案申请。在这种情况下，被征收者只有接受原先的出价作为预付款，接着与政府谈判赔偿金额。如果谈判不成功，双方都可以向高级法院提出审判请求，启动陪审团或者法官审理程序。①

4. 安置办法

在安置方面，美国联邦政府在 1971 年出台的《再安置援助与房地产购买统一法》（*Uniform Relocation Assistance and Real Properties Acquisition Act*）主要是为了解决被征收人在再安置中的财政困难问题。该法规定征收人必须补偿被征收人在抵押和成交过程中的费用，并保证为被征收人提供相当的住房。设有专门的再安置咨询部门为被征收人和原承租人提供房源信息服务。该法案要求再安置的房屋要"合宜、干净、卫生""面积充足"且"区位在公共设施配套和通勤距离上要与原区位相当"。对于原承租者需要补贴高于原有的租金部分，保证租金支出不高于收入的 30%。随后，大多数州政府也出台了相关的援助政策，但基本上是联邦法的翻版。②

（二）我国征收补偿制度的主要内容

1. 关于补偿原则

我国宪法并未明确补偿的原则，仅通过第十条和第十三条规定了国家为公共利益可以对土地和公民的私有财产实行征收或者征用并给予补偿。《物权法》中同样也没有补偿原则的规定，其第四十二条的规定是"征收单位、个人的房屋及其他不动产，应当依法给予拆迁补偿，维护被征收人的合法权益；征收个人住宅的，还应当保障被征收人的居住条件"。

《土地管理法》规定："有下列情形之一的，由有关人民政府土地行政主管部门报经原批准用地的人民政府或者有批准权的人民政府批准，可

---

① Chang Y，"An Empirical Study of Compensation Paid in Eminent Domain Settlements：New York City 1990–2002"，*Journal of Legal Studies*，2008，28（1）.

② Garnett N. S，"The Neglected Political Economy of Eminent Domain"，*Michigan Law Review*，2006，105（1）.

以收回国有土地使用权……依照前款第（一）项、第（二）项的规定收回国有土地使用权的，对土地使用权人应当给予适当补偿。"从该条文的文字表述上来看，《土地管理法》确定的国有土地上房屋征收补偿标准是"适当补偿"。

2011年实施的《新条例》将房屋征收补偿原则从"适当补偿"提升为"公平补偿"。该条例第二条明确提出："为了公共利益的需要，征收国有土地上单位、个人的房屋，应当对被征收房屋所有权人（以下称被征收人）给予公平补偿。"

关于公平补偿的具体方法，条例第十九条规定："对被征收房屋价值的补偿，不得低于房屋征收决定公告之日被征收房屋类似房地产的市场价格。"可见，市场比较法已经成为补偿评估的首选办法。由于成本对于市场变化的感知较间接，因此此前适用的重置成本法并不能及时反映房屋的临界价格水平。市场比较法以市场定价机制为基础，将待估价房产与估价时点近期交易的同类房地产进行比较，并及时对该同类房地产的已知价格作适当的修正，因此更具有时点性，基本可以反映出当前供需和未来预期情况。

2. 补偿办法

大量的案例显示，被征收者并不满意按市场价格进行的补偿和按被征收房屋的市场价格置换的房屋。在以往的拆迁评论中有"因拆致贫"一说，指的是因被安置城郊而导致的购物、通勤成本增加和就业机会、教育资源减少。还有安置房没有照顾到特殊群体的需要，老人"被"上楼，上下楼不便。可见征收带来的福利的损失不仅是房屋价值的灭失，还涉及被征收人实际生活中的各种需要。

《新条例》第二十一条规定："被征收人可以选择货币补偿，也可以选择房屋产权调换。因旧城区改建征收个人住宅，被征收人选择在改建地段进行房屋产权调换的，作出房屋征收决定的市、县级人民政府应当提供改建地段或者就近地段的房屋。"就地或就近安置选择的强制性要求降低了征收对被征收家庭工作学习生活的影响。一些城市的房屋征收实施细则中还对义务教育阶段的就学片区资格延续问题、保障房申请问题等也做了规定。

3. 争议解决机制

根据《行政复议法》的规定，行政相对人对具体行政行为不服的，可以在法定的期限内向相关行政部门提出复议要求，行政机关应当在规定的期限内作出新的行政决定。根据行政复议法的规定，如果被征收人对政府补偿决定不满的，可以提请行政复议。《国有土地上房屋征收评估办法》中进一步对进行补偿价格复核的估价专家委员会的组成进行了规定。"评估专家委员会由房地产估价师以及价格、房地产、土地、城市规划、法律等方面的专家组成。""专家组成员为 3 人以上单数，其中房地产估价师不得少于二分之一。"

（三）本节小结

通过对中美两国在征收比，发现以下特征：

从补偿原则来看，从"给予补偿"到"适当补偿"到"公平补偿"，并且明确了"市场价值"作为补偿底线，我国的补偿制度在慢慢与国际接轨。但是市场价值是否能弥补被征收人的牺牲，需要进一步考量。

在补偿方式上，两国都采取了相应的措施保障被征收人安置后的生活质量。在美国，《再安置援助与房地产购买统一法》主要解决被征收人财政困难问题和置换房屋的居住质量问题。在中国，《新条例》赋予了被征收人的选择补偿方式的权利，就地就近的安置房的强制性供应可以降低对被征收人生活工作的影响；有一些城市对迁出后孩子义务教育期间的学校选择问题做了详细规定；对家庭困难户的居住保障问题，进行直接补偿或者提供保障房优先申请权的规定。

在争议的解决机制上，由于两国权利设置上的不同，美国的解决机制更显独立性。在中国作为既是征收主体，又是监管者、协调者的地方政府，很难能够在行政复议中做到中立。而由政府邀请下组成的估价专家委员会的独立性和公信力也值得怀疑。

## 四　征收程序的比较

（一）美国

征收程序一般规定于各州的民事程序法当中。各州的征收程序大致相同，一般包括前期准备、协议价购、征收审批（快速征收）、征收诉讼、完成征收等环节。本书以加利福尼亚州的征收程序为例，进行阐述（如图 2-1）：

1. 前期准备

按照加州成文法第 1240.030 条的规定，征收者必须证明："第一，征

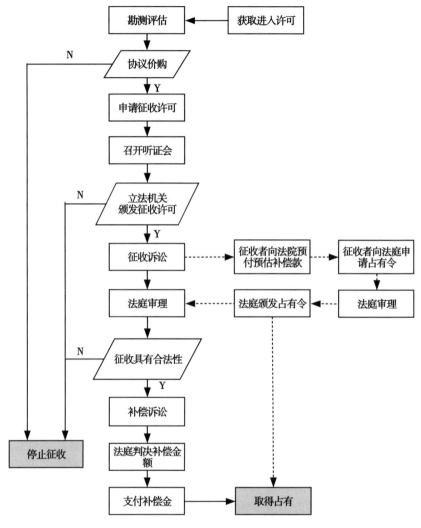

图 2-1　美国房屋征收程序

收项目符合公共利益的需要；第二，征收项目的选址方案能够使公共利益最大化、私人损失最小化；第三，被征收财产是完成征收项目所必须的。"在选定征收对象后，征收者需要获得土地所有者的书面许可，或者得到高等法庭（superior court）颁发的进入许可（order of entry）方能进入该处土地或房屋进行调查、测勘、取样、评估等活动。

2. 协议价购

美国各州都规定，在正式申请征收许可之前，征收者必须尝试通过协议价购的途径取得财产。除非双方无法达成买卖协议，否则不得进行征收。征收者提出的要约价格应当高于评估结果。被征收者有权要求征收者提供相关的地图和其他被征收者的名单，以便联合其他被征收者一起进行谈判，争取更高的价格。

3. 征收审批

如果征收双方不能就协议价购达成一致，则征收者可以向地方权力机关（大多数情况下为地方议会）申请征收许可。地方议会在作出准许征收的决议前，必须召开听证会。召开听证会的通知应当用可保留证据的邮件传递方式送达被征收者。在接到通知后，被征收者应当在 15 天内作出书面回复，否则将被视为放弃参加听证会的权利。如果地方议会的成员多于 40 人，则由来自该地方的不同地区的不少于 11 名议员组成委员会，负责举行听证会；否则应由议会全体成员共同举行听证会。

颁发征收许可的条件是：征收项目符合公共利益的需要；征收项目的选址方案能够使公共利益最大化、私人损失最小化；被征收财产是完成征收项目所必需的；征收者已经与被征收者进行了协议价购的尝试，但未取得成功。如果没有特殊的成文法规定，征收许可必须经过议会全体成员的 2/3 多数投票通过，方能生效。地方议会可以在任何时间撤销征收许可，也可以在撤销后就同一财产重新批准新的征收许可。

征收许可被通过，意味着在法律上该征收行为已经被认为满足了宪法对征收目的的要求。被征收者如果对征收许可持有异议，可以在征收诉讼程序开始前或开始后向法庭起诉。

4. 快速征收

美国联邦和各州都规定了快速征收（quick take）程序。应用快速征收程序，征收者可以在向法院支付经法院认可的预估补偿金额，并且得到法院发布的占有令（order of taking 或 order for possession）之后，在法院就征收补偿的数额作出最终判决之前，先行取得对被征收财产的占有。对于征收者来说，这意味着可以提前开始征收项目的建设，从而节省大量的时间成本。因此在绝大多数情况下，征收者都会尝试申请使用快速征收程序。但在许多州，法律明确规定只有在为类似修建公路、铺设管网等公共工程进行征收或者出现紧急状态时，法庭才能向征收者颁发占有令。

被征收者一旦预先支取了补偿，就不能再对征收目的的合法性提出质疑，而只能就补偿金额的数量提出诉讼请求。在支付预估的补偿金之后，征收者可以向法庭提出颁发占有令的动议，同时向被征收者送达通知和动议副本。

在取得占有令之后，征收者应在占有令中规定的转移占有的最后期限前，提前一定时间通知被征收者迁离现场。当被征收财产是居住用房、农场或者商业经营用房时，最少应提前30天通知，其他情况下最少应提前10天通知。

5. 征收诉讼

诉讼是征收程序中的必要环节。除了通过协议价购取得一致的情况外，征收必须经过民事诉讼程序完成。征收诉讼的目的有两个：确定征收目的是否合法；确定补偿的数额。加州成文法规定，征收诉讼的一审必须在高等法院进行。征收者为原告，被征收者为被告，其他任何声称对此财产享有权利的人是共同被告。

征收诉讼分为两个阶段。第一阶段中，法庭要对征收目的的合法性作出判决。判决由法官作出，被告可以从实质和程序两个方面对征收的合法性提出抗辩。如果法院判决征收目的非法，则征收程序中止，原告赔偿被告的各项损失。如果原告已经通过快速征收程序先行占有了被告的财产，则应当返还财产，恢复原状。如果被告的财产已经无法恢复原状，则原告应当赔偿相应损失。

如果被告对征收目的合法性没有异议，或者法庭已经在征收合法性诉讼中判决征收目的的合法性，则征收诉讼进入第二阶段——征收补偿诉讼。该诉讼的目的是决定征收者最终需要向被征收者及其他相关权利人支付的征收补偿和损失赔偿款的数额。法庭要在原告和被告双方主张的补偿和赔偿数额之间作出决断。首先判定征收者应该支付的总额，然后再就补偿和赔偿款在被征收者各方之间的分配作出判决。如果被征收者提出要求，征收补偿诉讼可以由陪审团作出判决，否则将由法官作出判决。

6. 完成征收

在法庭对征收补偿诉讼作出终审判决之后的30天内，征收者应向被征收者支付全部补偿款和赔偿款。如果被征收者之前已经支取了部分补偿款，则此时征收者应当支付余额。在支付了全部的补偿款和赔偿款之后，征收者可以向法庭申请占有令。

取得占有令之后，征收者应在占有令中规定的转移占有期限前，提前一定时间通知被征收者迁离。当被征收财产是居住用房、农场或者商业经营用房时，最少应提前 30 天通知，其他情况下最少应提前 10 天通知。

（二）中国

根据《新条例》规定，本书将房屋征收程序大致分为征收决策、确定补偿、完成征收三个阶段，对我国城市房屋征收的程序进行了梳理（如图 2-2）。

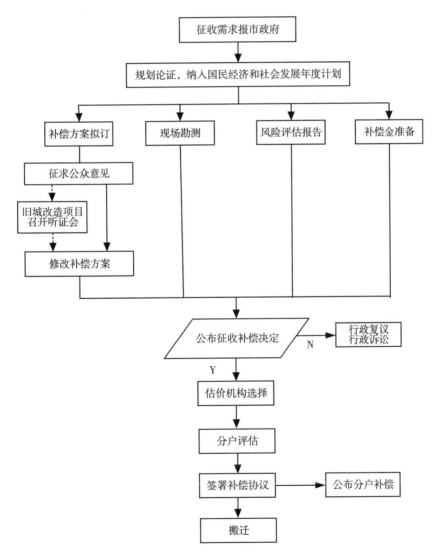

图 2-2 我国国有土地上房屋征收程序

1. 征收决策

地方政府根据城市总体规划和土地利用总体规划中对某地块的用途性质判断是否符合公共利益需要，或者根据该地块上房屋状况判断是否属于危旧房改造，决定是否将该地块纳入房屋征收范围；如果涉及被征收人数量较多，需要经政府常务会议讨论决定。在做出房屋征收决定前，房屋征收机构应当进行入户调查，对房屋权属、区位、用途、建筑面积等情况组织调查登记，并对房屋所有权人被征收意愿等进行摸底调查，形成社会稳定风险评估报告。在征收启动前需要保证征收补偿费用足额到位。

地方政府组织有关部门对征收补偿方案进行论证并予以公布，征求公众意见。征求意见期限不得少于 30 日，并将征求意见情况和根据公众意见修改的情况及时公布。因旧城区改建需要征收房屋，多数被征收人（具体比例由各地方政府制定）认为征收补偿方案不符合本条例规定的，地方政府应当组织由被征收人和公众代表参加的听证会，并根据听证会情况修改方案。

征收补偿方案应当包括以下内容：①房屋征收与补偿的法律依据；②房屋征收的目的；③房屋征收的范围；④被征收房屋类型和建筑面积的认定办法；⑤房屋征收补偿方式、标准和计算方法；⑥补助和奖励标准；⑦安置房屋的基本情况；⑧房屋征收评估机构选定办法；⑨房屋征收补偿的签约期限；⑩受委托的房屋征收实施单位名称；⑪其他事项。

如果被征收人对市、县级人民政府作出的房屋征收决定不服的，可以依法申请行政复议，也可以依法提起行政诉讼。

2. 确定补偿

征收补偿决议通过之后，开始对房屋进行分户评估。房地产价格评估机构由被征收人协商选定；协商不成的，通过多数决定、随机选定等方式确定，具体办法由省、自治区、直辖市制定。

对评估确定的被征收房屋价值有异议的，可以向房地产价格评估机构申请复核评估。对复核结果有异议的，可以向房地产价格评估专家委员会申请鉴定。

房屋征收部门将分户补偿情况在房屋征收范围内向被征收人公布。

3. 完成征收

房屋征收部门与被征收人就补偿方式、补偿金额和支付期限、用于产权调换房屋的地点和面积、搬迁费、临时安置费或者周转用房、停产停业损失、搬迁期限、过渡方式和过渡期限等事项，订立补偿协议。补偿协议订立后，一方当事人不履行补偿协议约定的义务的，另一方当事人可以依法提起诉讼。

作出房屋征收决定的市、县级人民政府对被征收人给予补偿后，被征收人应当在补偿协议约定或者补偿决定确定的搬迁期限内完成搬迁。

房屋征收部门与被征收人在征收补偿方案确定的签约期限内达不成补偿协议，或者被征收房屋所有权人不明确的，由房屋征收部门报请作出房屋征收决定的市、县级人民政府依照本条例的规定，按照征收补偿方案作出补偿决定。被征收人对补偿决定不服的，可以依法申请行政复议，也可以依法提起行政诉讼。

（三）比较分析

通过比较发现，中美两国在房屋征收的程序上存在以下共同点：

1. 提供补偿检验。在美国，补偿检验由法院实施，被征收者可以选择由陪审团或法官作出判决。在中国，补偿方案的制订在经过政府论证后需要征求公众意见，如果多数被征收人不同意的情况下需要组织由被征收人和公众代表参加的听证会，并根据听证会情况修改方案。

2. 提供法律救济途径。在美国，诉讼是征收程序的必要组成部分。在征收者提起征收诉讼之后，接下来的程序都是在法庭上完成的。这种设计给双方都提供了充分的救济途径。对于三项检验中的任何一项，任何一方都可以向法庭提出异议，由法庭作出判决。在补偿检验这个环节中，被征收者还可以要求由陪审团作出判决。在中国，法律救济途径是行政诉讼或行政复议。

3. 具有知情权。在美国，征收者向立法机构申请征收许可证的时候，立法机构要将申请的副本和召开听证会的通知送达被征收者，并同时发布公告。征收进入诉讼程序之后，征收者每一阶段向法庭提出的申请文书也必须同时送达被征收者，向法庭提供的一切证据也要开放给被征收者查阅。在中国，征收补偿方案需要公告以征求公众意见，多数被征收人不同意该征收补偿方案时需要召开听证会，召开听证会的通知需要送达被征收人。当确定补偿协议后，分户补偿情况需要在房屋征收范围内向被征收人公布，保证公开公正。

相较美国，我国的征收程序存在以下差距：

1. 征收决策中公众参与未落实处。征收决定的合法性是一切征收程序的前提，美国的征收程序将征收决定与补偿决定分为两阶段，征收的合法性需要经过听证会决定。而我国，公众无法对征收决策进行真正参与，征收决策阶段的公众参与是通过房屋征收进行建设活动之前的国民经济和社会发展规划、土地利用总体规划、城乡规划和专项规划制定实现的，而以上规划的制定"应当广泛征求社会公众意见，经过科学论证"。但事实上，我国的规划的公众参与处于起步阶段，并真正落到实处，缺乏真正的决策权和相应的制度和法律保障。因此通过规划制定的参与来实现对征收决策的参与是困难的。最后被征收人只有在补偿方案意见征收阶段通过对补偿方案的不满来抗议征收，从而导致补偿诉求的非理性。

2. 缺少协议价购环节。征收作为国家强制取得私有财产权的手段，必须在双方无法自愿达成交易协议的情况下方具备合理性。如果双方能够通过自由协商的方式达成交易，则征收程序就无须启动。这可以减少征收过程中高昂的交易成本。由于每个建设项目都需要考虑自身的经济性，这部分高昂的交易成本如果能够避免就成为征收者与被征收人协议价购博弈中额外的待分配利益。因此，协议价购从经济上来说是一种双赢。在美国，协议价购是申请征收许可前的法定程序，只有协议不成，政府才能向立法机构申请征收。

3. 司法救济不充分，裁决者不独立。司法救济是法律向个人提供的基本而普遍的救济途径。这种救济以国家的公权力作为保障。在美国，诉讼是征收程序的必要组成部分。在征收者提起征收诉讼之后，接下来的程序都是在法庭上完成的。这种设计给双方都提供了充分的救济途径。在补偿检验这个环节中，被征收者还可以要求由陪审团作出判决。无论议会还是法院，都是独立于征收双方当事人的第三方。在我国，为被征收人在房屋征收决策阶段和补偿方案制定阶段提供了行政复议和行政诉讼的司法救济手段。但是，由于行政复议的裁决机构是征收部门的上级主管机关，其本身往往就是征收决策的制定者或认可者，不具备独立性。因此，裁决机关都不太愿意支持被征收者的主张。除非这样做会导致被征收者采取激烈的抗争手段，当个人无法通过司法诉讼的途径获得公力救济时，他要么选择接受损失，要么转向私力救济。抗争就是被征收人经常采用的私力救济方式。由于抗争可以引发社会舆论关注，对政府造成舆论压力，进而威胁裁决机关的声誉和领导的利益，裁决机关才有可能支持他们的请求。

另外，快速征收程序在美国存在争议。虽然快速征收程序的采用可以在由议会确认的征收具备合法性的前提下，避免了因为补偿价格问题导致的征收效率的降低，但是也不可避免地出现快速征收程序滥用的情况。

## 第二节 国内外房屋征收制度研究的研究动态

由于土地征收与房屋征收除了征收对象的差异之外，征收原则、补偿原则方面都是相通的，具有互相借鉴的作用，因此，国内研究综述是从整个财产征收制度出发，总结国内的土地征收与房屋征收的研究成果。

### 一 关于征收权使用前提的研究

（一）国内研究动态

国内关于征收权使用前提的讨论主要围绕征收目的的公共利益的认定标准和公共利益的界定方法而展开。

王太高（2005）对公共利益进行了内涵分析和外延界分。他定义公共利益是一定的社会群体存在和发展所必需的并能为他们中不确定多数人所认可和享有的内容广泛的价值体。公共利益具有社会价值性、辐射范围的广泛性、内容的广泛性、超越个体性和一定的层次性。在与个人利益和国家利益的关系讨论中，他认为公共利益与个体利益是辩证统一的关系；而国家利益作为协调公共利益与私人利益矛盾的产物，介乎于公共利益和个人利益之间：与公共利益相比，国家利益带有一定的"私"的色彩，相对于个人利益来说，国家利益则是一种"公"的利益。

张韵声（2006）在他的博士论文中对美、日、德、中四国的财产征收制度进行了深入的比较研究，其中总结了四国的征用前提，将它们分为狭义说、广义说、最广义说。狭义说是指仅限定于公共事业；广义说是指超越个别利益的社会公共利益；最广义说主要是日本国宪法第 29 条第 3 项规定的"公共之用"是对特定人强要其特别牺牲时，必须给予损失补偿的一般规定。

卜炜玮（2008）在他的博士论文中总结了美国判例法和日本成文法对于征收目的的判定标准。征收项目满足两条准则中的任意一条，即可被认定为公共目的：①征收项目满足"公众直接受益"条件；②征收项目同时满足"公共所有"和"非营利性使用"两项条件。他同时对争议较大的两种征收情况进行了分析，一是为旧城改造而进行的征收，一是为单纯经济增长而进行的征收。他认为被改造的旧城区必须是"破败"的，而不仅仅是"老旧"的。被征收建筑物的状况必须低于法定的强制性标准，破败的程度必须已经危害到了居民的健康和安全，并且对城市整体的公共利益产生了损害。征收的主要目的应该是改善被改造区域的居民的生活条件，而不是发展经济。经济发展只是旧城改造的附随性结果，而不能成为征收的主要动机。而单纯为促进经济发展而进行的征收不具备公益性。

在公共利益的界定方式讨论中，张千帆（2005）主张公共利益由权力机关以"一事一议"方式界定，不能由学者或法官等这类不可能严格中立的"旁观者"界定，而应该由民主条件下产生的国家权力机关（代议机关）来承担，这种界定才可能具备充分的正当性。

郑贤君（2005）主张司法机关（法院）拥有对公共利益的认定的最终审定权，认为公共利益的界定属于一个宪法分权问题，是由立法机关、行政机关和司法机关共同分享的：立法者只能对此作出概括性规定，具体的判断则由行政机关来行使，唯在出现纠纷和冲突时，法院才予介入，也就是所谓的"立法至上，司法最终"界定模式。

姜明安（2006）提出了"概括列举式的标准"，即结合行政诉讼法确定行政诉讼受案范围的立法模式，对宪法和法律中"公共利益"的内涵和外延进行界定，再尽可能较为全面地列举属于公共利益范畴的事项，最后设一概括性兜底条款。

王利明（2009）认为将公共利益类型化存在着不周延、不完全的固有缺陷，除了正面列举之外，法律还可以通过采反面排除的方式，对不属于公共利益的情形予以直接排除，从而降低公共利益概念的不确定性。应当着重将公共利益的判断纳入程序控制的范畴，由司法机关解决公共利益的争议。

房绍坤（2010）公共利益界定的程序设计，首先要解决的是界定的主体问题，其次才涉及具体程序机制的设计。公共利益之界定主体的选择是一个宪法分权问题，须由立法、行政、司法机关通力协作。我国公益征收法上公共利益界定的具体程序机制设计，必须解决好三个问题：一是把公共利益调查与审查作为征收决定做出前的一个独立程序阶段；二是把"民主商谈"确立为公益界定必须遵守的实质性程序原则；三是把"公共利益听证"确立为公益界定中必须遵循的一个程序环节。

　　唐忠民、温泽彬（2006），唐忠民（2010）将学者们所提出的公共利益界定方式分为三种，第一种是人大以"一事一议"方式界定"公共利益"，第二种是由司法承担对"公共利益"的最终界定，第三种是人大以列举式立法模式将"公共利益"具体化、固置化。他们认为第一种模式正确认识到界定"公共利益"属于权力机关的权限，人大组织工作方式决定了人大及其常委会无法承受这一职责；第二种司法决定模式缺乏实质合法性，并且在我国现行权力配置格局和法律制度下，法院也承担不了充当"公共利益"判断主体的重任。第三种模式在立法上虽有一定困难，但也有其他国家和地区成功经验可资，是实现宪法"公共利益"规定对公民权利保护和对国家权力制约的唯一现实可行之路。"公共利益"的列举立法方式宜采用正面列举的方式。

　　（二）国外研究动态

　　随着 Berman v. Parker 判例的出现，财产征收制度成为宪法研究的热门话题。由于美国是以立法机关"一事一议"的方式界定"公共使用"，因此美国学者对征收权使用前提的研究集中在两个方面：如何定义宪法中规定的"公共使用"（public use）；征收权使用的效率与公平讨论。

　　资源市场化分配总会存在市场失灵问题，这主要是由于土地的区位垄断和交易成本过高造成的。经济学家从城市土地利用的干预合理性来论证征收权的合理与否。Grossman，Hart（1980），Cohen（1991），O'Flaherty（1994）研究了土地开发中的搭便车（free rider）问题：当开发商希望通过土地整合来开发一个具有潜在正外部性的项目。很多规划范围中土地所有者会因为希望通过周边土地的开发提升自身土地价值，因此拒绝出售给开发商。这种现象属于公共物品的外部效应，并带来敲竹杠现象（hold out）。O'Flaherty 认为城市更新可能并不是最理想的良药，但是一剂有针对性的药。它能有效解决土地获得（land assembly）中的市场失灵现象。

　　法律经济学家波斯纳（Posner）这样解释：征收权存在的原因是防止垄断。一旦铁路、管道或者高速公路已经开工建设，放弃它而选择另一条替代路线的成本变得非常高。在道路沿线拥有土地的人们得知这个消息后，就会试图垄断土地并提出不合理的高报价——超过土地的实际机会成本的价格。高价的土地带来高价格的过路费，进而导致部分消费者转而使用其他替代性的服务，高速公路的经营者将因此遭受损失。由于预先考虑到了这种可能，他们将会把土地的购买量减少到当土地的价格等于机会成本时的购买量以下。从长远来看，高昂的土地成本将导致企业投入其他更廉价的资源来替代土地。因为沿线土地所有者对资源的"垄断"，土地的价格将高于正常水平，而利用率降低于应有的水平。这种利用状况在经济上是无效率的。

Merrill（1992）和 Wilk（2004）对美国征收案例进行了分类统计。Merrill 曾经对 1954—1985 年美国联邦和州法院判决的以"征收是否符合公共目的要求"为主要诉讼焦点的案例进行了统计分析，证明州法院比联邦法院更倾向于判决征收项目不符合公共目的要求，更少地遵从立法机关的判断。Wilk 用 Merrill 的方法对 1986 年 1 月 1 日至 2003 年 4 月 1 日之间的美国联邦和州法院的同类案例进行了分析，发现与之前的 32 年相比，这 16 年里法院判断征收目的合法性的标准变得更为宽松，法院比以往更愿意遵从立法机关的判断。但是与联邦法院相比，州法院对于征收目的合法性的判断标准更为严格。他还发现，政治态度越倾向于保守的州，法院判决征收目的合法的案件数量比例就越小。这些州法院越来越多地引用成文法而非宪法来否定政府将征收所得财产交由私人开发使用的权力。

而 Kelo v. City of New London① 判例出现，体现出的强烈的"国家干预"立场，再一次掀起美国学者对征收目的制约的争论热潮。讨论集中在区域综合发展的公共目的（public purpose）是否构成公共用途（public use）问题和 Kelo 案对社会的影响等问题上。

Cohen（2005）对美国历史上的征收目的限制的演变进行了分析，指出单纯以经济发展为目的的征收将损害公众福利，而防止这种损害的最好方法就是彻底禁止此类征收。Bell（2006）认为过分强调公共使用要求是无意义的。假定政府能够通过管制和税收的手段实现土地利用的目的，而不需要给受害者提供补偿，那么带补偿的征收就是危害最小的政府权力行使方式。通过立法限制政府行使征收权只会伤害私有财产权。他提出了一个征收的决策模型，用来分析决策者在什么情况下会选择使用征收这种手

---

① Kelo v. City of New London, 545 U. S. 469（2005）是另一个具有典型意义的征收判例。与 Berman 案相类似，该判例涉及的项目能够为经济低迷已久的新伦敦城带来大量税收和就业。争议的焦点也在于公共利益的标准问题。此案提交到联邦最高法院裁决的过程中，9 个法官之间的争议很大，最后以 5：4 的微弱优势作出决定，新伦敦城的征收行为符合公共利益需要，不违宪。参见 http：//en. wikipedia. org/wiki/Kelo_ v. _ City_ of_ New_ London。

段来获取土地。Miceli、Segerson（2007）分析了征收权在开发商与土地所有者博弈中的作用。结论是，征收权的使用可以减少敲竹杠现象，但是存在开发商会获得额外利益的风险。

Lopez、Tatah（2007）试图分析 Kelo 案的判决对在此以后的征收案件判决的影响。他对 Kelo 案后各州和地方层面的开发案例进行了调查，并从经济效率和政治经济学角度收集了相关数据，经过分析后他认为：一方面，非常多的证据表明 Kelo 案具有"打开闸门"的效应，地方决策者为了经济发展需要而征收私有土地的野心扩大；另一方面，Kelo 案具有"反弹和聚光灯效应"，公众舆论对此问题的关注使得地方决策者害怕由此造成的负面影响，因此在征收决策上进行了长时间的法律斗争，在征收权的使用上采用了严格的限制。Kelo 案在选民、开发商、地方决策者和州政府之间引发了一场权利之争。走出这场斗争，国家正在进行达成权利的平衡的实验，使得财产所有人在各州的立法机构判决中具有更强的立足点。

还有学者尝试探究征收权使用与认同与否背后的政治、经济、社会影响因素。Kerekes、Carrie（2011）试图探索哪些因素可以解释私人利益目的下的征收权使用概率。他发现贪污、州最高法院的选举、联邦制和经济自由度水平是征收权私用的重要决定因素。Adanu、Hoehn、Norris、Iglesias（2012）根据 2006 年美国各郡县对限制征收的法案通过率的数据进行分析，发现基本价值观和因教育程度引起的意识形态会影响法案支持与否，另外失业率较高的郡县会更欢迎旧城更新；尽管征收更常发生于低收入社区，但是研究也发现收入越高的社区对改革的支持率越高。

## 二　关于征收补偿原则的研究

### （一）国内研究综述

国内学者关于征收补偿的研究主要集中在对各国征收补偿原则的总结和对国内房屋征收或补偿范围的讨论。

在补偿原则方面，陈泉生（1994）总结了不同国家不同制度背景下的土地补偿理论依据，认为可以分为既得权说、恩惠说、社会职务说、公用征收说、公平负担平等说、特别牺牲说等。关于补偿原则，陈泉生也做了总结，主要有完全补偿原则、不完全补偿原则和相当补偿原则。王太高（2004）通过对德、日、美、中国台湾等地补偿原则的历史发展进行总结后发展各国土地征收补偿原则大致呈现出由完全补偿到不完全补偿再到完全补偿的发展轨迹。以市价为基础的全额补偿观点并未将被征收人的主观价值考虑其中,因而使得政府与被征收人之间合意难以达成。这样一来,加剧了个人利益与公共利益之间的冲突。因此,以市价为基础的完全补偿原则在各国立法和实践中逐渐被放弃,合理补偿、公平补偿、正当补偿等内涵颇具弹性的补偿原则频频出现在各国补偿制度和实践中。崔霁、钱建平和方之骥(2006)认为补偿程度由高到低的排序应是:充分补偿>公平补偿>合理补偿>正当补偿>相当补偿>适当补偿。从我国宪法中规定的是"给予补偿"可见中国的补偿程度低于世界上的平均水平。董彪、吕丽丽(2006)将各国补偿原则分为完全补偿和不完全补偿。其中完全补偿有客观标准说(公开市场价值标准)和主观标准说(如日本的生活权补偿说)。他们认为公正补偿与完全补偿、不完全补偿、适当补偿、市价补偿、公平补偿、相当补偿以及合理补偿等概念之间的关系并不是并列的,而是补偿原则的金字塔顶端,具有最高的抽象性,其他原则都是公正补偿原则的具体化,是在历史发展演变过程中产生的具体形式。

(二)国外研究综述

由于公正补偿(just compensation)是一个抽象的概念,何谓公正补偿?各国的征收相关法律都没有对此进行解释,因此就成为学者们的讨论的热点。研究主要集中在以下几个方面:①公正补偿的必要性;②如何分配算是公正;③征收补偿中的博弈。

关于公正补偿的必要性学者们主要从其促进公正与效率的角度考虑。从效率层面看,向被征收者提供补偿,一方面能够对政府的征收行为形成成本约束,防止政府过度征收;另一方面也可以提高土地资源的配置。从公平层面看,对被征收者的公正补偿是公共选择的需要。

Heller、Krier(1998)提出不完全补偿会造成政府"财政错觉"(fiscal illusion),从而影响资源的有效配置。理性的政府决策者的行为是基于对成本收益的分析而做出的。政府习惯忽略那些没有对其财政收支产生直接影响的成本,这种倾向被称为"财政幻觉"。显然,征收行为不仅具有管理成本,而且具有昂贵的机会成本:一旦财产被政府征收,它就不可能再被任何私人使用。如果政府不需要给予补偿或没有给予完全补偿,那么政府可能会受到"财政错觉"之影响,也就是政府官员将误以为所征收的资源没有机会成本或机会成本很低,从而做出非理性决策。其结果必然导致政府过度征收，进而导致资源的错误配置和浪费。

"财政错觉"理论也为征收行为的不完全补偿提供了部分理由。Merrill（2002）认为从某种意义上讲，不完全补偿可以认为是为政府征收行为所提供的补贴。征收一般是为了给公众带来重要福利，如建造公路或其他基础设施、修建公园或休闲区以及保护环境。如果公共利益超过了其成本，那么给予一定的补贴似乎是合理的。因此，一方面，政府应该将其对被征收财产的拥有者的负外部效应内部化；另一方面，政府也应该被鼓励对社会产生尽可能多的正外部效应，而传统做法正是补贴产生正外部效应或"公共物品"的行为。通过为征收行为提供补贴，不完全补偿有助于增加政府促进与保护公共利益的动机。

事实上，学者们对于补偿公平的讨论并没有关于效率的讨论多（Niemann，Shapiro，2008）。

Michelman（1967）是第一位将公平因素引入征收决策模型的学者，他基于效用论发展出多因素功利主义模型，从而判断征收合法与否，其中将因牺牲者没有获得赔偿或者认为征用不公而产生的道德成本计入在内。该模型包含 B、C、D、S 四个变量：B（Benefit）表示征收项目所创造的被全社会平均分享的效用；C（Cost）表示征收项目的建设成本；$E = B - C$，表示征收项目的直接收益，Michelman 称其为"效率获得"（efficiency gain）；S 是因为支付补偿而产生的成本，Michelman 称其为"解决成本"（settlement cost）。如果政府选择征收而不支付补偿或者支付不完全的补偿，那么可以减少解决成本 S，但是却会导致一系列恶性后果，Michelman 将这些后果带来的负效用统称为"负道德成本"（demoralization cost），用 D 表示。根据这个分析框架，以全社会的效用最大化为目标，衡量征收是否有效的标准是征收项目是否实现了 $E - D - S$ 的最大化。Michelman 给出的征收规则如下：

（1）$E < D + S$，不征收；

（2）$E > D + S$ 且 $S < D$，征收并提供完全补偿；

（3）$E > D + S$ 且 $S > D$，不征收。

该理论与传统的功利主义理论的最大区别在于引入了负道德成本的概念，从而将经济衡量的对象从单纯的金钱扩展到了心理感受。这种扩展体现了经济学的"效用"概念原本的内涵——内心的满足感。负道德成本不仅包括被征收者个人的损失，也包括由于政府的征收行为对全社会所造成的负面影响。

Burrows（1991）认为补偿应该达到三个目标：对财产损失者提供公平的保护；给政府一个恰当的刺激把私人部门的损失包含在该项目的成本—收益分析之内；将财产损失者肆意从事无效率行为的激励最小化。Span（2003）从公共选择理论的角度来分析，认为公正补偿的主要功用在于保证人们都知道政府行为的限度，从而维持民主社会的稳定。如果一个国家随意剥夺无辜者的财产就和按照个人意志而不是法律剥夺人的生命和自由一样，必将导致人们为了维护自己的根本利益而诉诸欺骗、贿赂或暴力手段，从而加剧社会的政治冲突。

### 三 关于征收补偿办法的研究

#### （一）国内研究综述

完全补偿原则是理想化状态的补偿原则，对被征收财产价值构成方面的分析有利于补偿更加完全和公平的实现。卜炜玮（2008）将征收涉及的财产价值分为征收前的客观价值、征收导致的价值变化、主观价值和交易成本。他提出的补偿原则是：在公平市场价值的基础上，对被征收财产在被征收之前的客观价值和被征收者的交易成本予以完全的补偿；对财产因为征收发生的价值改变，应该从补偿金额中予以相应的增加或扣除；对被征收财产的社区价值，应该按照征收给社区造成的损失形式的不同，采取弥补措施或者提供补偿。对于被征收财产的消费者剩余，则按照被征收者的个人情况并综合考虑其他因素确定适当的补偿额。李怀、邵慰（2009）建议合理的拆迁补偿制度分成三个部分：房屋的建筑成本、因拆迁引发的生活成本和土地收益。杨青、唐学玉（2011）运用无差异效用曲线分析货币补偿与实物补偿对于被拆迁人的效用影响，发现与货币补偿相比，产权调换是通过要求拆迁人承担对被拆迁人的安置责任来更好地保证被拆迁人的效用水平不受到过大的损失；同时，也就更大程度地避免因拆迁补偿过低导致的极端冲突。

由于国有土地上房屋的土地所有权与使用权分离，因此关于土地权利如何补偿，是确定合理补偿范围的讨论焦点。

欧阳恩钱（2005）认为台湾地区"都市计划容积移转办法"对大陆地区的城市房屋拆迁补偿办法具有借鉴意义：对被拆迁人土地使用权价值实行全额市价补偿，意味着将土地用途改变、容积率增高等土地发展权价值也视同为被拆迁人的私人财产，从而与我国土地发展权国有政策存在明显冲突，并直接影响到政府土地所有者的权益。不过，该冲突显然并非根本的、不可调和的。在公有制之下，土地发展权国有不是目的，而只是实现公平的手段之一，将土地发展权利益全部归于被拆迁人，对我国目前城市房屋拆迁现状而言，实现了局部公平，为使整体公平与局部公平相统一，政府可以对基准地价与"修正价格"权中的自然增值部分课以税金。刘国臻（2005）提出我国设置土地发展权的思路之一是：凡是改变土地用途的情况，不论是城市土地、农用土地还是未利用土地，土地发展权都应归国家；凡是土地用途不变的情况，因土地使用权人增加对土地的投入而形成的土地发展权都应归土地使用权人。刘宁、梁宸（2010）认为房屋拆迁中土地使用权价值补偿机制的缺失是很重要的影响因素之一。城市房屋拆迁土地使用权价值补偿机制存在的问题是：①房屋拆迁土地补偿主体过于模糊；②房屋拆迁土地使用权审批程序划分不清；③房屋拆迁补偿中土地使用权价值淡化。叶剑平、田晨光（2010）认为被拆迁人的土地发展权不仅关系到其生存状况，也关系到社会的公平公正。在现实中，补偿方法多是一次性货币补偿，补偿款又低于市场价格，并且计算居民损失时并未把因拆迁而引发的除房产损失之外的其他损失考虑在内，被拆迁居民的土地发展权在一定程度上被漠视。个人利益与社会利益未能统一，社会公平公正未能实现，导致社会摩擦加剧、社会福利减少等突出问题。金伟峰（2013）指出房屋征收中提前收回国有土地使用权时除了应退还剩余年限的土地使用权出让金，补偿范围还应包括土地使用者的投资开发利益和该土地的预期增值利益。

此外，也有学者关注补偿评估单位选择程序。卢新海、黄善林（2007）认为在拆迁补偿价格评估过程中拆迁人对于结果质疑的深层原因在于评估机构的选择、评估委托主体的确认及评估结果的认定过程中存在一些弊端。建议评估机构的选择可以采用抽签摇号的方式并采用第三方委托的方式，对评估结果的认定采取多方参与的论证会的形式。赵骏，范良聪（2008）引入经济学中博弈论概念工具对《新条例》的解读表明，公平补偿能否实现在很大程度上取决于评估机构。征收条例中存在一些模糊的规定，以及《国有土地上房屋征收评估办法》赋予评估机构以垄断地位的制度设计，为政府和评估机构的机会主义行为留下了极大的空间。因此，建议构建有效的第三方评估市场，并在政府报价之后赋予被征收人以真正的自由选择评估机构的权利。

（二）国外研究综述

在确定公正补偿的必要性前提后，下一个研究的重点是补偿多少才算"公正"。一般上诉法院都会按照公平市场价值（fair market value）作为补偿依据，以"最高最佳使用"（highest and best use）为原则。

以"市价补偿"作为补偿依据，是否合理，学者们就此展开很多讨论。

Chang（2008）认为这种补偿方式的缺陷是"最高最佳使用"原则的意思是被征收财产必须以它未来最有价值的用途作为估价前提，而不考虑现有用途。但事实上，因为未来的规划不可知，往往无法准确估计财产的最高最佳使用价值。他采用了 Hedonic 法进行市价评估，从而对纽约市1990—2002 年的征收补偿案例进行检验。检验发现：其中50%以上的被征收人获得了低于公平市场价值的补偿；40%以上获得了高于公平市场价值的补偿；10%获得了相当于公平市场价值的补偿。他对此现象的解释是：被征收人对公平市场价值估算的无知和征收人政治利益的驱动。

Merrill（2002）认为公正补偿是不完全补偿。原因之一，是因为补偿计算仅限于合同法意义上的"一般损失"或直接损失，而在通常情况下忽略所有间接损失，包括预期获得的商业利润、良好的商誉积累，等等。最重要的是，公平市场价值忽略了被征收者对财产的主观价值。被征收者对其财产往往具有比市场价值更高的主观价值——对财产的特殊感情、财产中带有被征收者特殊偏好的特征和财产所在地相联系的不能转移的利益以及想回避动迁和麻烦的意愿等。因此，主观价值一般比市场价值更高，否则财产可能早就在市场上出售了；如果财产没有出售，那可能正是因为主观价值高于市场价值的缘故。如果站在被征收者的角度来衡量征收成本，征收补偿将包含相当部分的主观价值。

Fennell（2005）也从被征收房屋的价值构成角度进行了分析。他认为公平市场价值之外的未补偿溢价（the uncompensated increment）由三部分组成：①超过公平市场价值的主观溢价；②被征收人获得供给者剩余的机会；③决定何时交易的自主权。Nadler，Diamond（2008）通过模拟征收场景的实验发现，在政府组织的房屋征收背景下居住时间的长短、征收的用途会对被征收人的补偿意愿产生极为显著的影响，从而推断对财产的主观情感依附和对区域未来价值期望会影响被征收人的征收补偿意愿。

在征收补偿实践中，有学者从评估机制等制度层面分析实际补偿结果产生差异的原因。

Munch（1976）通过动用征收权和不动用征收权情况下的土地获得理论研究，得出结论，与传统观念相反，在土地获得过程中征收权的使用并不一定是有效的政策工具。价值较高的物业会获得比价值较低的物业更多的单位额外补偿。她对此做出的解释是：①律师在处理高价值物业的时候更积极；②低价值物业总量比高价值的多，征收部门为避免被征收者之间的比较而引起群体要价现象，因此估价都比较保守；③上诉的固定成本较高，低价值物业的业主动用法律程序的动力不足。

Guidry 和 Quang（1998）通过 California 的 San Diego 县在 1991 年4—10 月 207 个房屋交易案例中，通过市场交易的价格和通过征收交易的价格对比，认为单个家庭的征收补偿水平高于市场水平。

Tideman、Plassmann（2005）认为对宣称可能动用征收权本身就是一种征收（"announcing the possibility of a taking is itself a taking"）。因此完全补偿指的是在没有政府干预下的财产补偿价格。对很多其他学者定义的"政府在宣布征收时点的市场价值"只能认为是不完全补偿。

Garnett（2006）从政治经济学的视角研究征收中的补偿。他认为大多数学者对补偿不公平的评论只关注于宪法中补偿要求，却忽视了实际程序中的相关法律规定。他通过对联邦政府重新安置法和各州的重新安置法的研究，认为 1971 年以后，补偿水平有了很大的进步。另外通过公共选择理论，政府出于政治目的的需要反而会过度补偿。

Aycock 和 Black（2008）通过被征收人估价、征收人估价、听证会决议价格、最终补偿的实证研究证实了当征收人的估价与被征收人的估价产生分歧的时候听证会中的特别专家的道德危机（moral hazard）和行为偏见（behavior bias）会导致最终判决的价格偏低。

针对导致不完全补偿如此多的因素，学者们提出了补偿办法的创新。

Krier 和 Serkin（2004）认为补偿可以根据征收目的偏离公共用途的程度进行调整，比如征收后的土地是用于经济发展的目的，那么可以使被征收人在区域经济发展中分享一杯羹。

McMillen（2003）认为，对城市居民区拆迁，应该考虑建筑物规模、年代以及居民区的交通情况；同时拆迁补偿应保证拆迁费用和土地价值之间的平衡；基于芝加哥房屋拆迁和重建的实证模型也支持了该理论。

Tideman 和 Plassmann（2005）认为政府对财产征收可能性的宣判会影响补偿价格的协商结果。他们建立了一种公平效率的征收补偿机制。在认为土地所有者对自有财产价值认识最充分的前提下，要求土地所有者对财产报税或者购买保险的方式，通过边际成本获得真实的价格。Bell 和 Parchomovsky（2007）对 Tideman 和 Plassmann 的提议进行了深化，这个具有创意的提案叫作"自我评估系统"，也就是说房屋所有权人自己估价；征收人根据价格决定征税与否。如果政府不能接受此价格，那么该房屋所有权人也不能在未来的一段时间内以低于此价格的价格出售，或者将差价补给政府，此外，该房屋的房产税也需要按照这个报价作为税基。

## 四　关于被征收人行为研究

### （一）国内研究综述

国内学者关于旧城改造引起的房屋征收或拆迁过程中的行为主体研究主要集中在博弈行为，其中也涉及有限理性假设下的行为经济学解释和被征收人的调查等方面。

闵一峰、吴晓洁（2005）利用博弈论分析不同制度背景下各主体在拆迁过程中的相互影响以及决策。分析的结果是原有和现有拆迁制度下，无论是强制拆迁还是谈判拆迁都会给政府带来巨大的额外成本，造成利益的损失。因此政府有进行制度创新的动力。最后他们认为解决冲突的关键是进行制度创新。通过公共利益限制和公平补偿来规范政府权力和保护居民财产权、协调不同拆迁主体之间的利益矛盾、探索利益共赢的拆迁制度体系。郭斌、董明明（2009）构建了一个旧城改造的动态博弈模型，分析各相关主体之间的利益博弈机制，基于 Shapley 值法构建旧城改造利益分配策略模型，为解决旧城改造过程中的利益分配矛盾问题提供科学的理论依据。但是，最后 Shapley 值法的计算结果只是从理论上可以作为制订利益分配方案依据，在实践操作中存在难度。彭小兵、张保帅（2009）依据外部性原理和博弈论方法，构建了被拆迁人维权行为博弈模型。模型分析结果表明，增加对被拆迁人的补偿比加大对拆迁人惩罚力度的效果要好；政府行政执法机关积极履行职责，要比被动查处拆迁人的侵权来保护被拆迁人的合法权益成本更低。叶剑平、田晨光（2010）认为拆迁过程中的相关利益者之间是不完全信息动态博弈。他们用博弈论分析了在强制拆迁背景下和采用协商方式情况下进行拆迁所产生的均衡结果。结论是整个博弈所达到的精练贝叶斯纳什均衡是：改进政策，协商拆迁，同意。郭玉亮（2011）当前城市拆迁现象突出表现为一种不均衡的"蚁象博弈"。在这场博弈中，大多是"象踏蚁亡"的局面，但也有"群蚁食象"的发生。这种博弈如不及时协调，其结果必然是一场玉石俱焚的零和博弈。

也有学者尝试从心理学角度研究引起财产征收的冲突原因，但是专门作此方面研究的文献并不多。单松（2011）尝试分析了普通被拆迁者、对社会不满者、弱势拆迁者、强势拆迁者和轻身者各自的心理特点。以求拆迁单位通过被拆迁户心理的掌握，使拆迁工作更加和谐有序地进行，减少不必要的社会摩擦。卿志琼（2011）从行为经济学有关禀赋效应和财政幻觉的视角剖析有拆迁引发情绪时间的认识根源和制度基础，揭示了我国拆迁中情绪事件的发生机制。并建议如果国家要获取这类财产，首先应该对禀赋效应所形成的主观价值予以尊重，在没有其他合适的选项时，也应该先选择购买方式，征收是最后万不得已的途径。汪晖（2002）提到了被征用者和征用者价值衡量的不对称现象。并用行为经济学进行解释。认为这种价值衡量的不对称现象可以归纳为三个方面：禀赋效果，即人们对失去的财产索取的价格往往要高于获得等量财产所愿意支付的价格；现状偏见，即出于对当前拥有的财产的偏好，人们既不愿出售也不愿购买；厌恶失去，人们对于失去财产所牺牲的效用要大于取得等量财产所获得的效用。这种索取赔偿与支付意愿之间的差距产生的可能原因是，人们在购买时会受到可支配收入的限制，愿意支付的价格较低，而在索取赔偿的时候则不存在这个问题，因而索取赔偿较高。

还有学者通过大量的问卷调查对被征收人的对征收/拆迁事件的态度，受影响方面和补偿意愿等方面进行过调查。赵京、白会军、杨钢桥（2007）通过对武汉市几个房屋拆迁区域的被拆迁人在拆迁补偿方式、过渡安置方式、拆迁满意度等方面进行问卷调查。在拆迁补偿方式方面发现被调查人补偿意愿偏向产权调换的补偿方式，但是由于安置点的区域较远，因此最终选择货币补偿的多。在过渡安置方式方面被拆迁人无论是意愿还是最终选择倾向于货币补偿。在拆迁满意度方面最让被拆迁者不满意的是拆迁结果。张军涛、刘建国（2008）调查了居民对拆迁改造政策所持态度；与原居住区相比对现居住区各个指标的评价（包括生活便利性、安全性、自然与人文环境、出行便利）；对回迁、异地安置、货币补偿的满意度等方面。并建议保证被拆迁房屋现有市场价格补偿的基础上，兼顾被拆迁居民的利益，考虑到被拆迁土地未来的升值潜力，以及由此带来的地上建筑物的溢价，对于因拆迁改造造成的各类损失应该给予补偿。白友涛、陈赟畅（2008）从个人家庭层面对南京、上海、杭州等城市旧城改造项目进行过深入的实证调查和研究，主要涉及拆迁对居民生活的影响、居民权益影响、矛盾因素、其他非经济损失等方面，而在旧城改造过程中政府并没有将由此造成的社会成本计入改造成本。徐建（2008）以 JQ 新城安置基地为例，从微观角度分析了城市更新给旧住区居民带来的影响。研究发现：迁居群体以中老年人为主，下岗失业人员数量众多，是典型的弱势群体；新居住地劳动力市场无法大容量接纳动迁居民，形成了事实上的就业排斥；新居住地基本服务匮乏，无法满足居民的需求；动迁居民的机动性受到排斥；居民的社会资本减少。

（二）国外研究综述

西方现代的城市更新越来越走向市场化和私人资本参与。因此开发商在土地获得（land assembly）中与土地所有者的博弈行为，以及不同的博弈环境带来的补偿价格之区别是研究的热点。Eckart（1985）建立了单边不确定博弈模型。发现面积相对较小的土地所有权人对单方土地要价更高，而随着土地所有权者数量的增多最终成交价格会增高。Strange（1995）认为开发商在土地获得的谈判中有两个最大的困扰——信息不对称和敲竹杠（hold out）。他尝试在信息不对称的前提下分析双方的讨价还价行为。在这种情况下，土地所有者只有通过开发商的出价来判断项目未来的价值。因此，只要开发商的还价略低于最大的土地使用者要价，就能达到博弈均衡。Miceli 和 Sirmans（2007）通过实验办法研究交易成本和讨价还价过程对土地获得成本的影响。发现开发商的最终利润与卖地者的数量呈反比。拖延产生的成本降低了搭便车情况的发生，但是也导致双方获利的减少。为防止城市蔓延的和无效率的城市空间利用，他建议城市规划者面对着要么对开发商予以补偿，要么动用征收权降低谈判成本。

对行为主体的诉求和满意度研究，是促进城市更新的根本。城市更新不再是简单的物质更新，如何促进社会可持续性发展成为城市更新的目标。Hemphill、Berry、McGreal（2004）认为，从宏观层面看，智力形态（intellectual form）、建筑形态、经济因素、社会因素、环境因素是社会可持续发展的五个方面。但是宏观层面的指标测量难度较大。因此他们从微观视角，建立了比较全面的指标体系，指标体系包括经济性和工作、资源利用、建筑与土地利用、交通和可移动性、社区福利五个方面。然后利用层次分析法建立了各个方面的评价指标。Chan、Lee（2008）在对香港的建筑师、规划师、开发商和居民进行了影响城市更新项目社会可持续性的关键因素调查后发现，福利要求满意度、资源和环境保护、和谐居住环境创造、日常生活便利设施的提供、发展形态和开敞空间的可用性是城市更新项目中提高社会可持续发展力的关键因素。Wu（2004）在 2000—2001 年对上海被拆迁家庭进行了调查，认为旧城改造有利于促进房屋使用权的梳理、住房条件和建筑形态的改善，同时分析了不同教育程度的居民对拆迁的态度，和不同产权性质的住宅、不同拆迁意愿的家庭对拆迁安置的满意度。Niemann（2008）认为征收的公平在于人际公平与征收前后的福利不变，通过模拟公平补偿前提下的被征收人与征收人的博弈，发现双方的动机和谁先提议征收，会影响最后的效率。当政府提议征收的情况下，子博弈精炼均衡是有效率的。Nadler、Diamond（2008）以 Kelo 案作为背景进行两组情景模拟实验。实验 1 假设政府直接参与下土地交易，如果谈判失败将动用征收权；实验 2 假设开发商提案下的自愿交易，如果谈判失败，政府将动用征收权强制交易。研究发现，在实验 1 的背景下，征收用途是否属于传统意义上的公共用途影响被征收人的搬迁意愿和对政府的道德感知，但是并没有影响出售的意愿和意愿价格。而在实验 2 的背景下，征收用途会影响被征收人的意愿价格以及可能拒绝的概率。两组实验的对比，还揭示了程序的公开透明民主在被征收人对征收项目接受度中的重要影响。

## 五　房屋征收制度的发展趋势

本章拟通过中美两国财产征收制度的比较，分析我国在国有土地上房屋征收补偿与国外民主制国家相比的共同点与存在差距。这既是制度背景的分析与介绍，又是下文问卷设计维度的依据以及政策建议的灵感来源。同时，本章对近年来国内外关于财产征收补偿的相关研究进行了梳理，归纳相关热点议题，总结各方观点，发现新的发展方向。

综合制度比较结果和相关研究热点，我们发现国内外制度共性之处也正是学者们热议的焦点，体现在以下几方面：

（1）"公共利益"是两国征收权使用的共同前提，但无论是美国的判例原则还是我国的列举式条款，对旧城改造是否属于"公共利益"这个问题，学术界均存在争议。争议的主要焦点在于两方面：第一，将征收财产提供给私人使用是否违宪？第二，促进经济发展是否属于公共目的？

（2）"公平市场价值"是两国征收补偿的共同标准，但"公平市场价值"是否足以补偿对被征收人的福利损失，如何进行补偿办法的创新。由此展开了很多讨论。无论从社会公平角度，还是从帕累托效率，以及土地资源的有效分配来说，此议题具有重要的理论与实践意义，将引领征收补偿实践向完全补偿靠近。

在征收程序的设置上，我国开始逐渐注重在补偿环节的公众参与权和知情权，由于中美政治体制的差异，因此在征收环节的公众参与上，在裁决者的独立性上存在不足。但是关于此问题的研究反而并不是研究热点。另外，美国的协议价购环节以及快速征收程序也有值得我国借鉴的地方。

综合来看，国内外的研究具有如下特点与研究趋势：

（1）国外关于财产征收与补偿机制是一个古老而有着持续生命力的话题，学者们从多个学科视角进行了讨论，但是尚未有学者对我国国有土地上房屋征收补偿政策现状进行过梳理与系统研究。

（2）关于征收补偿价格的研究具有重要的理论与现实意义，但是关于市场价格之外"未补偿溢价"，尚停留在理论探讨阶段，没有进行过实证研究。被征收人是否该得到完全补偿还是该承担一定损失不只是价值观上的争议，还涉及资源分配效率，帕累托最优和公共选择的要求，因此具有重要的研究价值。国内外关于征收补偿合理性的讨论主要集中在关于土地增值的补偿和主观价值的补偿上，这也是完全补偿与不完全补偿的差别所在，同时也是公开市场价格能否代表公正补偿的争论焦点。但是关于该部分的研究，学者们多以理论研究和案例研究等定性为主，或者收集既有征收补偿案例对补偿价格做简单的统计分析，对市场价值之外"未补偿溢价"，没有进行过定量分析，这可能与"未补偿溢价"难以定量有关。

（3）从微观行为主体角度研究补偿价格多集中在博弈行为分析，也有少量涉及征收满意度、征收价格的问卷调查，从心理层面对问卷结果进行了部分解释，但是专门针对被征收人补偿意愿以及市场价值之外的因素对补偿意愿的影响研究尚属空白。而无论是从充实公平与效率视角下的补偿理论还是从降低旧城改造实践中的社会冲突来说，这个方向的研究都是非常必要的。

# 第三章　全国房屋征收补偿政策概况

## 第一节　调查描述

为了解全国各省市的国有土地上房屋征收补偿政策概况，通过网络搜索的方式，对全国房屋征收与补偿法规进行了收集、整理。收集到全国34个省级区域（港、澳、台不在调查范围内）和63个地级市的城市房屋征收与补偿法规政策。大部分省份都以条例、办法、指引、通知等形式对国有土地上房屋征收进行了规范，具体情况（见表3-1）。

表3-1　全国省、自治区、直辖市国有土地上房屋征收补偿法规情况

| 名称 | 有无相关法规 | 颁布年份 | 名称 | 有无相关法规 | 颁布年份 |
|---|---|---|---|---|---|
| 北京市 | 有 | 2011 | 天津市 | 有 | 2016 |
| 河北省 | 有 | 2012 | 山西省 | 有 | 2015 |
| 内蒙古自治区 | 有 | 2015 | 辽宁省 | 有 | 2014 |
| 吉林省 | 有 | 2011 | 黑龙江省 | 未查到 | |
| 上海市 | 有 | 2012 | 江苏省 | 有 | 2011 |
| 浙江省 | 有 | 2014 | 安徽省 | 有 | 2014 |
| 福建省 | 有 | 2014 | 江西省 | 有 | 2014 |
| 山东省 | 有 | 2014 | 河南省 | 有 | 2012 |
| 湖北省 | 有 | 2015 | 湖南省 | 有 | 2014 |
| 广东省 | 有 | 2013 | 广西壮族自治区 | 有 | 2011 |
| 海南省 | 有 | 2016 | 重庆市 | 有 | 2016 |
| 四川省 | 有 | 2015 | 贵州省 | 有 | 2012 |
| 云南省 | 有 | 2015 | 西藏自治区 | 未查到 | |

续表

| 名称 | 有无相关法规 | 颁布年份 | 名称 | 有无相关法规 | 颁布年份 |
|------|-----------|---------|------|-----------|---------|
| 陕西省 | 有 | 2014 | 甘肃省 | 有 | 2011 |
| 青海省 | 有 | 2014 | 宁夏回族自治区 | 有 | 2013 |
| 新疆维吾尔自治区 | 有 | 2013 | | | |

为了解当前我国不同地域城市的房屋征收补偿的现状，特展开实地调研与问卷调查。

## 一 调查方法与对象

本研究中的房屋征收调查采取问卷调查和实地访谈两条路径。

（一）一般调查的样本

由住房和城乡建设部房地产司向全国各城市发送《房屋征收补偿政策调查提纲》，时间节点为 2016 年 4 月至 2016 年 7 月，排除无效问卷，一共收集统计 43 个市、县的问卷，其中，直辖市 1 个，省会城市 13 个，副省级城市 1 个，地级市 25 个，县 3 个。在地域分布上，东部地区收集的城市问卷数量为 12 个，占总数的 28%；西部地区共收集的城市问卷数量为 11 个，占总数的 25%；中部地区是现阶段房屋征收最频繁的区域，本次收集的中部城市问卷数量为 20 个，占总数的 47%。见表 3-2。

表 3-2　　　　房屋征收补偿政策问卷城市分布比例

| 区域 | 调研城市数量（个） | 比例（%） |
|------|----------------|---------|
| 东部 | 12 | 28 |
| 中部 | 20 | 47 |
| 西部 | 11 | 25 |
| 总计 | 43 | 100 |

（二）典型调查样本

一般调查是一项针对全国范围内城市房屋征收补偿政策的调查，它的优点是广泛收集全国城市的房屋征收成本信息，缺点是缺乏对房屋征收部门，尤其是房屋征收补偿政策的针对性了解。为深入分析具有典型代表意义城市的房屋征收补偿现状，课题组选取了武汉市、广州市、南京市、宜昌市进行了实地调研访谈。

武汉市的房屋征收部门为"武汉市国土资源与规划局房屋征收管理处"。武汉市作为本课题组的所在城市，其特点是：武汉市的房屋征收是按照周边同类"二手房"价值进行补偿，推出了较多征收奖励和征收补助的类别。但是，在实际征收工作中，不排除偏远地区的被征收人所获得的总补偿能够达到同等地区的新建商品房价格，城区内其他被征收人所获得的总补偿是低于同等地区的新建商品房价格。

广州市的房屋征收部门为"广州市人民政府国有土地上房屋征收办公室"。广州市作为国内的一线城市，其城市化程度较高，近年来房屋征收工作实践工作也较为成熟。其特点是：广州市的房屋征收虽然是按照周边同类"二手房"进行补偿，但是，为了使得被征收人能够购买同等地区的新建商品房，配给了较高的补助、奖励，使得其征收实质上是按照"新建普通商品房"在进行补偿。

南京市的房屋征收管理部门为"南京市房屋征收管理办公室"。在征收环节会进行较具体的参与，如补偿方案的备案、补偿方案审查、保持政策稳定性、房屋征收管理系统的设置等方面。其代表性为：房屋征收按照"二手房"标的进行补偿。同时，因为鼓励按照产权房屋调换的方式进行补偿，所以使得征收补助、奖励方面较少。

宜昌市的房屋征收管理部门为"宜昌市房屋征收与补偿管理办公室"，作为国内的三线城市、湖北省第二大城市，房屋征收的实践工作与武汉市类似，为获得地级市代表房屋征收信息的便捷性，本课题组选取湖北省宜昌市作为地级市的代表进行调研。

这四座城市都在房屋征收工作中极具参考性与代表性，所以对这四座城市的特别调查和对比对房屋征收成本的研究具有重要价值。在实地调研之前，课题组通过向广州市、南京市、宜昌市三座城市的房屋征收管理部门发送会议函的形式进行调研前的沟通，以便调研具有针对性。本次调研与当地房屋征收管理部门进行了经验交流，并收集到三个城市关于房屋征收成本的现状、经验和遇到的问题等相关资料。调研内容与一般调查类似，调研内容集中于房屋征收管理方式、征收补偿、征收补助、征收奖励、第三方费用5项内容大类、29个小类。

## 二　调查内容

本次调查提纲一共设计了 29 个问题。分别针对房屋征收成本的征收补偿管理方式和房屋征收成本的组成部分——征收补偿费用、征收补助费用、征收奖励费用。

对于征收补偿费用主要涉及 9 个方面的问题，分别是：被征收房屋的参照的标的类似房地产是新建商品房还是二手房，分户评估结果公示后周边商品房价格上涨情况，工业、交通、仓储、医院等用房如何进行评估，临时安置补偿的确定标准，搬迁费的确定标准，停业停产补偿，住房困难户的保底补偿，被征收人产权调换与货币补偿的比例。

对于征收补助费用主要涉及 11 个方面的问题，分别是：征收补助的类别，征收补助的目的，产权调换补助是否弥补差价，是否存在建筑面积补助，生活困难被征收人的补助对象和补助标准，"住改商"房屋是否有经营损失补助，"工改住"和"工改商"如何补助，小户型住房困难户是否给予货币补助，未经登记建筑如何认定、补偿。

对于征收奖励费用主要涉及 4 个方面的问题，分别是：征收奖励的名目标准、签约奖励的设定标准、是否单独设置了搬迁奖励及其适用条件、签约奖和搬迁奖能否合并。

以上内容详见附录 1《房屋征收补偿政策调查提纲》。

以上内容的设计从全国具有代表性的房屋征收调查对象着手，在调查内容中包含了房屋征收补偿政策中的补偿、补助、奖励的基本情况。

# 第二节　调查结果分析

## 一　调研城市补偿政策概况

（一）各地房屋征收补偿的构成

1. 房屋征收补偿费用

（1）被征收房屋价值补偿。《国有土地上房屋征收评估办法》中规定："被征收房屋的类似房地产是指与被征收房屋的区位、用途、权利性质、档次、新旧程度、规模、建筑结构等相同或者相似的房地产。"但是，《条例》第十九条规定："对被征收房屋价值的补偿，不得低于房屋征收决定公告之日被征收房屋类似房地产的市场价格。"由于参照的"类似房地产"标的不同，所以各地才会有新建商品房作为参考标的操作办法。各地经验可总结为三个方面：

第一，参照周边新建商品房的价格；第二，参照二手房交易价格；第三，根据房屋实际情况，同时考虑周边普通新建商品房的市场价值和二手房交易价格。通过收集的 43 个市、县的样本数据，参照新建商品房价格进行评估被征收房屋价值的城市，也就是"类似房地产"定义为新建商品房的市、县为 8 个，占总数的 22%，参照二手房交易价格的市、县为 23 个城市，占总数的 64%，同时综合考虑新建商品房价格和二手房交易价格的城市为 5 个城市，占总数的 14%（如图 3-1）。

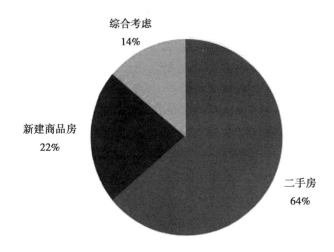

**图 3-1　"类似房地产"的参照标的**

事实上，"类似房地产与新建商品房价格的比例关系"并不能反映征收补偿的高低。在 18 个城市"类似房地产与新建商品房价格的比例关系"（见表 3-3）中可以看到，"类似房地产与新建商品房价格的比例关系"最低的为南京市、广州市、商丘市（60%），最高的为成都市、西宁市和昆明市（90%）。在对南京市实地调研的过程中发现，其被征收房屋价值的"类似房地产"评估价格低并不影响房屋征收工作推进。因为南京市通过产权调换房屋进行了保障。而广州市虽然被征收房屋价值与周边商品房价值的比例关系仅为 60%，但是由于其征收的房屋价值实质是按照新建商品房进行补偿，通过征收补助、征收奖励后，获得的房屋征收补偿可以使被征收人在周边同类地区购买到相同类型的新建商品房。成都市、西宁市和昆明市都为90%，这可能会使后续的房屋征收补助、奖励额度的占比略低。无论是参照"类似房地产"标的为二手房价格的评估并辅以较高的补助与奖励的城市，还是直接通过"类似房地产"标的为周边新建商品房的城市，辅以较低的补助与奖励，都是为了使被征收人在房屋征收得到的货币补偿后，基本可以在被征收房屋周边或同质地区购买或置换到用途、规模、建筑结构基本一致的新建商品房。

**表 3-3** 　　　　　　　类似房地产与新建商品房价格的比例关系

| 城市 | 类似房地产与新建商品房价格的比例关系（%） | 新建商品房均价（元/平方米） | 城市 | 类似房地产与新建商品房价格的比例关系（%） | 新建商品房均价（元/平方米） |
|---|---|---|---|---|---|
| 广州 | 60 | 20633 | 南宁 | 80 | 7196 |
| 南京 | 60 | 18167 | 沈阳 | 70 | 7082 |
| 武汉 | 70 | 10208 | 盐城 | 75 | 6175 |
| 昆明 | 90 | 8284 | 宜昌 | 70 | 5994 |
| 哈尔滨 | 80 | 7465 | 洛阳 | 75 | 5124 |
| 重庆 | 85 | 7008 | 鹤壁 | 70 | 4267 |
| 西宁 | 90 | 5838 | 眉山 | 70 | 3727 |
| 成都 | 90 | 8146 | 黄冈 | 66 | 3371 |
| 太原 | 80 | 8145 | 商丘 | 60 | 3751 |

注：新建商品房均价数据来源：城市房产网，http://www.cityhouse.cn/default/forsalerank.html。以2016年6月为时间节点。

（2）搬迁补偿。在《条例》第十七条规定："作出房屋征收决定的市、县级人民政府对被征收人给予的补偿包括：因征收房屋造成的搬迁、临时安置的补偿。"搬迁补偿主要是因房屋征收而造成的经营损失、搬迁的损失、搬迁所需费用等造成所需要的补偿。在《条例》第二十二条规定："因征收房屋搬迁的，房屋征收部门应当向被征收人支付搬迁费。"

对于搬迁补偿，各个城市补偿的标准不一：①按照总额进行补偿。昆明市的规定是按照总额进行补偿："采取货币补偿方式的给予每户2000元，采取产权调换或者货币补偿加产权调换方式的给予每户3000元；机器设备、物资等搬迁、安装费用，由征收当事人协商确定，协商不成的，由具有相应资质的评估机构通过评估确定。"②按照面积进行补偿。其他城市基本是按照面积进行补偿，而且会设置补偿金额上限。比如厦门市住宅、办公、工厂、仓库等按7元/平方米结合产权建筑面积计算，营业性店面按20元/平方米结合产权建筑面积计算。南京市按照被征收房屋建筑面积50元/平方米计算，每个权证（房屋所有权证或其他合法房产凭证）不足1000元的补足至1000元。地级市也是类似情况，比如盐城市按照"住宅房屋每平方米10元，不足500元的补足500元；办公、教学等用房每平方米8元；仓库、生产及营业性用房每平方米10元，特殊生产设备拆装、搬迁的补偿费用另行评估确定；征收住宅房屋被征收人选择产权调换的，搬迁补偿费增加一倍计算，并一次性结清"。泰州市按照安置被征收房屋合法建筑面积10元/平方米的标准支付搬迁补助费；征收非住宅房屋的，按照被征收房屋合法建筑面积20元/平方米的标准支付搬迁补助费。搬迁补助费一次不足1500元的，按1500元计算。

值得注意的是，搬迁补偿在许多城市被纳入了征收补助的类别，而非补偿类别。同时，在征收工作中，一般称为搬迁费，并未说明是属于征收补偿费类别还是征收补助费的类别，但是其实质是属于搬迁补偿。这样的城市有南京市、昆明市、厦门市等省级城市和周口市、盐城市、宿迁市等地级市。根据典型城市的房屋征收补偿政策，武汉市、南京市对于涉及两次搬迁的，规定支付两倍的搬迁补偿费。

（3）临时安置补偿。在《条例》第十七条规定："作出房屋征收决定的市、县级人民政府对被征收人给予的补偿包括：因征收房屋造成的搬迁、临时安置的补偿。"

临时安置补偿包括两种形式：①实物形式。《条例》第二十二条规定："选择房屋产权调换的，产权调换房屋交付前，房屋征收部门应当向被征收人支付临时安置费或者提供周转用房。"其中的周转用房就属于实物形式，但是在调查的城市中，都不鼓励进行实物形式补偿。②货币资金的形式。在房屋征收工作实践中，考虑到选择货币补偿的被征收人存在短暂的过渡期，会给予临时安置补偿，3—6个月不等。但是，有部分地区在房屋征收过程中选择了货币补偿的方式，就不会再给予临时安置补偿，比如重庆市、长沙市、西宁市和黄冈市等。

根据调查的结果，临时安置补偿确定的标准主要分为两种形式：①评估机构按照评估来确定。这样的代表城市有武汉市、厦门市等。②直接全市统一过渡费的标准。这样的代表城市有哈尔滨市、昆明市、长春市、济南市等。③各区县自定标准。这样代表的城市有重庆市。见表3-4。

表3-4　　　　　　　　　　部分城市临时安置补偿费标准

| 城市 | 确定形式 | 选择货币补偿的 | 选择产权调换的 |
| --- | --- | --- | --- |
| 厦门市 | 评估确定 | 由评估机构按征收公告发布时点的同区域相同房屋用途进行评估的市场租金进行计量，予以被征收人6个月的临时安置补助 | 支付临时安置补偿费或者提供周转用房 |
| 哈尔滨市 | 全市统一标准 | 住宅房屋：一次性支付6个月的临时安置补偿费　非住宅（含住改非）：一次性支付6个月的临时安置补偿费 | 住宅房屋：按月计算临时安置补偿费，每6个月发放一次。超过24个月的，以每月每平方米40元为标准按月发放。不足每月500元的，按每月500元支付　非住宅（含住改非）：在过渡期内，按月计算临时安置补偿费，每6个月发放一次，超过24个月的，自逾期之月起，以原房建筑面积每月每平方米70元为标准按月发放 |
| 昆明市 | 全市统一标准 | 参照周边房屋租赁价格确定，临时安置费按3个月计算，一次性支付 | 支付临时安置补偿费或者提供周转用房 |
| 长春市 | 全市统一标准 | 按照被征收房屋建筑面积一次性发放3个月，每月每平方米10元 | 过渡期限在18个月以下的：每月每平方米10元（每6个月向被征收人发放一次）　过渡期限在19个月以上24个月以下的：每月每平方米11元　过渡期限在25个月以上的：每月每平方米12元　逾期：逾期1—3个月的，每月增发50%；逾期4个月以上的，每月增发100% |
| 济南市 | 全市统一标准 | 给予被征收人6个月临时安置补偿费 | 住宅每月每平方米22元，并设有每月1000元保底措施；非住宅每月每平方米30元 |
| 南京市 | 全市统一标准 | 一次性发放12个月的临时安置费，每月每平方米28元，每个权证不足600元的补足至600元 | 按照产权调换协议约定的临时安置期限及规定的月临时安置费标准发放。每月每平方米28元，每个权证不足600元的补足至600元 |

续表

| 城市 | 确定形式 | 选择货币补偿的 | 选择产权调换的 |
|---|---|---|---|
| 西宁市 | 全市统一标准 | 不给予临时安置补偿费 | 房屋租赁市场的平均租赁价格，按被征收房屋原产权建筑面积不低于 10 元/m²·月补助，补助额度每户不足 450 元/月的，按不低于 450 元/月补助。超过临时过渡期限的，征收人应双倍支付临时安置补助费 |
| 长沙市 | 全市统一标准 | 不给予临时安置补偿费 | 每月按被征收房屋的评估价值的 4‰ 计算 |
| 重庆市 | 各区县自定 | 不给予临时安置补偿费 | 各区县自定标准 |

收集到的城市中，有 10 座城市设置了临时安置补助，但是其实质上应该归"临时安置补偿"。比如，泰州市对选择货币补偿的被征收人，按照合法建筑面积 10 元/平方米·月的标准一次性支付 6 个月临时安置补助费；厦门市则对选择货币补偿的被征收人，采取由评估机构按征收公告发布时点的同区域相同房屋用途进行评估的市场租金进行计量，予以被征收人 6 个月的临时安置补助。这样的补助都应该归属于临时安置补偿。

（4）停产停业损失补偿。停产停业损失是根据房屋被征收前的效益、停产停业期限等因素确定。房屋征收前的效益是指房屋被征收前通过生产、经营和租赁等行为获得的收益；停产停业期限是指因房屋征收而导致被征收人无法继续从事生产经营活动的期限。《条例》第二十三条规定，对因征收房屋造成停产停业损失的补偿，根据房屋被征收前的效益、停产停业期限等因素确定。具体办法由省、自治区、直辖市制定。房屋征收工作中指的停产、停业是指已领取营业执照，正常纳税，并持续生产经营的单位或个人以合法的生产经营性房屋为基本要素在从事合法的生产经营过程中，因房屋被征收造成正常的生产经营活动的中断或终止。

停产停业损失的确定可以总结为三种形式：①被征收人选择的补偿方式不同，停产停业损失补偿不同。即选择货币补偿和产权调换方式，给予的停产停业损失补偿有差别。例如，广州市要求的"选择货币补偿的给予 6 个月的补偿；选择产权调换的按照实际迁回时间给予"、重庆市的"停产停业损失补偿按房屋价值比例计算，货币补偿的 6%，产权调换的每月 5‰"等情况。②停产停业损失补偿的计量方式不同。计量方式有根据补偿金额百分比来进行补偿，也有根据盈利的时间期限来进行补偿。比如宿迁市是根据补偿金额百分比进行补偿："一般给予不超过货币补偿评估总金额 5% 的停产或停业补偿"。而厦门市只针对非住宅房屋做出停产停业补偿，规定"经营者停产停业损失的补偿标准，根据生产经营者近三年的年平均净利润确定；生产经营期限不足三年的，以实际生产经营期限的年平均净利润确定"。③根据建筑面积进行停产停业损失的补偿。例如，黄冈市规定："被征收人房屋停产期间的租金收益进行确定。标准大约在 50 元每平方米。"南阳市规定："营业执照、税务登记齐全的，停产停业损失补偿按照 150 元/平方米来进行补偿。"（见表3-5）。

表 3-5　　　　　　　　部分城市停产停业损失补偿标准

| 城市 | 补偿标准区别的形式 | 具体内容 | 主要补偿的标准方式 |
|---|---|---|---|
| 广州市 | 补偿方式 | 货币补偿：6 个月<br>产权调换：按照实际迁回时间 | 协商 |
| 重庆市 | 补偿方式 | 货币补偿：征收补偿的 6%<br>产权调换：每月征收补偿的 5‰ | 评估 |
| 厦门市 | 计量方式 | 只针对非住宅房屋做出停产停业补偿。根据生产经营者近三年的年平均净利润确定；生产经营期限不足三年的，以实际生产经营期限的年平均净利润确定 | 协商 |
| 宿迁市 | 计量方式 | 给予不超过货币补偿评估总金额 5% 的停产或停业补偿 | 评估 |
| 黄冈市 | 建筑面积 | 停产期间的租金收益进行确定，标准大约在 50 元每平方米 | 协商 |
| 南阳市 | 建筑面积 | 按照 150 元/平方米来进行补偿 | 协商 |

经调查，被征收人对停产停业损失的补偿存在一定的争议，所以实际的补偿操作中存在协商解决与评估解决的两种方式，而且补偿的种类、计量等各有不同。协商标准和评估标准都具有一定的合理性，但是若被征收人的实际停产停业损失超过了协商标准，或者被征收人不认同、不愿意协商，一般会评估决定停产停业补偿金额。

（5）装修补偿。装修补偿是针对被征收房屋关于室内装修的补偿，根据现行房屋征收工作中关于房屋价值评估的情况来看，因为房地产市场评估价格所选取的修正因素是不应包括装修因素的，所以市场评估价格不含装修价格，这方面难以满足被征收人的意愿。

回收的有效问卷中有 7 座城市明确提到装修补偿标准的确定方式，几乎无一例外地都会在征收的过程中使用评估的方式。其中，武汉市、长沙市、重庆市和淮安市是采用"协商+评估"相结合的方式，济南市、厦门市和长春市采用的是直接评估的方式（见表 3-6）。

表 3-6　　　　　　　　　　　　部分城市装修补偿标准

| 城市 | 装修补偿确定方式 | 装修补偿具体内容 |
|---|---|---|
| 武汉市 | 协商+评估 | 协商确定，协商不成由评估机构确定 |
| 长沙市 | 协商+评估 | 制定了不同标准，由征收部门确认，被征收人认为认定有误的可以申请评估 |
| 重庆市 | 协商+评估 | 一般按 100—500 分不同档次协商确定。如有异议的，通过评估。 |
| 济南市 | 评估 | 评估前会听取被征收人意见 |
| 厦门市 | 评估 | 被征收的住宅房屋通过评估确定 |
| 长春市 | 评估 | 被征收的住宅房屋通过评估确定 |
| 淮安市 | 协商+评估 | 有异议的，可以委托对被征收房屋进行评估的同一评估机构进行 |

武汉市、长沙市、重庆市和淮安市虽然采用"协商+评估"相结合的方式，但是这四座城市的方式也各有不同。武汉市在规定被征收房屋室内装饰装修价值补偿由征收当事人协商确定，协商不成的，再由评估机构评估确定；长沙市则针对装修补偿制定了《长沙市国有土地上房屋征收装饰装修补偿参照标准》，有 4 种类型的标准类型，由征收部门确定标准，被征收人认为有异议的再申请评估；重庆市是针对被征收人的房屋情况，按照"100—500 分"的不同档次对装修补偿进行协商确定，若被征收人存在异议，可以通过评估方式确定标准；淮安市在《关于淮安市区国有土地上房屋征收补偿补助标准的通知》中对装修补偿做出了规定，但与其他城市不同的是，淮安市对装修补偿存在异议的，只能委托对被征收房屋进行评估的同一评估机构进行。其他三座城市中，都是采用了评估的方式确定装修补偿的标准。其中济南市会在评估前听取被征收人的意见，这

方面值得借鉴；厦门市、长春市则会直接通过评估的方式对被征收房屋进行评估确定。

2. 征收补助

《条例》第十七条规定："市、县级人民政府应当制定补助和奖励办法，对被征收人给予补助和奖励"，但对征收补助的类别、内涵未作明确规定。

通过对国内各大城市征收补助政策的梳理发现，各个城市在征收补助类别和补助金额上存在较大的差别。

通过调查，各大城市的补助归纳，有以下几种补助类型：

（1）货币补助：货币补助是针对被征收人选择了货币补偿方式，所给予的货币金额的补助。货币补助的设置主要基于两个方面：一是鼓励被征收人选择货币补偿的方式；二是适当缩小被征收房屋评估价格与周边商品房的市场价格。在货币补助方面，武汉市各区的执行情况较好，房屋征收部门会按照被征收房屋价值20%的标准给予货币补助。但是，武汉市个别区还增加了购房补贴，金额为被征收房屋价值的8%。长春市则按照被征收房屋价值乘以增加比例来进行货币补助，即建筑面积小于25平方米的，增加比率为40%；建筑面积大于或者等于25平方米、小于33平方米的，增加比率为35%；建筑面积大于或者等于33平方米、小于41平方米的，增加比率为30%；建筑面积大于或者等于41平方米、小于49平方米的，增加比率为25%；建筑面积大于或者等于49平方米的，增加比率为20%。昆明市针对货币的补助较为单一，只是针对选择货币补偿的被征收人予以3万元的搬迁奖励和3个月的临时安置补助。

（2）产权调换补助：产权调换补助是根据被征收人选择产权调换方式，因产权调换房屋价值高于被征收房屋价值，给予价差的补助。例如许昌市的标准为：被征收房屋为住宅且被征收人选择产权调换的，按被征收房屋合法面积1∶1置换安置房。安置面积大于被征收房屋合法面积，多出部分按不低于建设成本价购买；被征收房屋合法面积大于安置房屋面积，多出部分给予货币补偿。

（3）公摊面积补助：产权调换房屋与被征收房屋的公摊面积不一样，给予的面积差价的补助。重庆市的被征收人无论是选择货币补偿还是产权调换都按照15%公摊系数进行补助；济南市采取免费增加公摊面积的方式。货币补偿有选择货币补偿的奖励,经过计算,当选择货币补偿的奖励在 10% 左右时,和同面积选择房屋安置免交的公摊面积价款基本相同。

(4) 困难补助:困难补助是针对被征收人生活困难的,给予的补助,一般包括低保、残疾、重症等情况。昆明市则对五保户、民政部门抚养的孤寡老人、烈士家属、城乡低保户和残疾人,提供一次性不超过 5000 元的特困补助费。宿迁市对被征收人为经济困难家庭经济的补助较高,要求是仅有被征收的一处住房,其获得的货币补偿总额(不含搬迁补助费、临时安置补助费和奖励)低于征收补偿最低标准的,房屋征收部门应当按照征收补偿最低标准对被征收人予以补偿,征收补偿最低标准为 10 万元/户。盐城市针对重大疾病(癌症、白血病等)补助 1 万元;1、2 级残疾补助 1 万元;3、4 级残疾补助 5000 元;三无户、五保户、低保家庭补助 1 万元;特困职工、低保边缘人群补助 5000 元。

(5) 房屋用途改变的补助:此类补助是针对被征收房屋进行过住改商、工交仓改商、工交仓改居等房屋用途改变的情况下进行的补助。收集问卷中,各大城市基本是按照土地使用证和房屋所有权证登记的证载用途进行补助,很少有单独列项的房屋用途改变的补助。只有武汉市对其实际经营部分可以商业门面与住宅房屋市场评估差价的 50% 给予补助。

(6) 其他补助:全国各城市根据自身实际情况的不同,从实践角度出发设置的征收补助类别差别较大。各城市会根据已有的房屋征收工作实践经验,设置相应的补助类别,如小户型面积补助、附属设施补助、拆装费补助、购房补助等。具体详见表 3-7。部分城市自行设立的其他补助也广受欢迎,比如焦作市设立的学生交通补助,对在校中、小学生予以 2 公里以上 40 元/人·月的补助,每年补助 9 个月;盐城市设立了职工安置、契税减免和搬迁所得税补助,职工安置补助每满一年支付一个月工资,契税减免对企业土地、房屋被县级以上人民政府征收后,重新承受土地、房屋权属的免征契税,政策性搬迁所得税参照其缴纳所得税 35% 的标准另行予以奖励性补助。

表 3-7　　　　　　　　　　　　　部分城市征收补助类别

| 补助 | 城市 | 补助 | 城市 |
|---|---|---|---|
| 困难补助 | 武汉市 | 产权调换补助 | 武汉市 |
| | 赤峰市 | | 许昌市 |
| | 南通市 | 货币补助 | 武汉市 |
| | 昆明市 | | 长春市 |
| | 哈尔滨市 | | 昆明市 |
| | 宿迁市 | 拆装费补助 | 淮安市 |
| | 盐城市 | | 焦作市 |
| | 南京市 | 附属设施补助 | 淮安市 |
| | | | 焦作市 |
| 公摊面积补助 | 武汉市 | 购房补助 | 洛阳市 |
| | 重庆市 | | 周口市 |
| | 长春市 | 物业管理费补助 | 洛阳市 |
| | 济南市 | | 周口市 |
| | 宜昌市 | 房屋用途改变补助 | 武汉市 |
| 小户型面积补助 | 武汉市 | 学生交通补助 | 焦作市 |
| | 许昌市 | 搬迁所得税补助 | 盐城市 |
| | 济南市 | | |
| 电视等移机补助 | 厦门市 | 困难家庭廉租补助 | 昭通市 |
| 职工安置 | 盐城市 | 契税减免 | 盐城市 |

3. 征收奖励

近年来，随着城市建设发展的需要，房屋征收的规模越来越大，征收的节奏也越来越快。房屋征收奖励作为各地征收工作实践中的一种范式，从以前一些征收主体人尝试性使用的办法，逐渐发展为今日"相对成熟"的政策性规定，十分普遍且广泛地应用到了城市房屋的征收中。《条例》第十七条规定："市、县级人民政府应当制定补助和奖励办法，对被征收人给予补助和奖励。"在征收实施工作中，各大城市的房屋征收办法或实施细则中都对征收奖励进行了说明。

（1）搬迁奖励。根据收获问卷，为了鼓励被征人及时搬迁腾退房屋，有 9 座城市设置了搬迁奖励，10 座城市设置了提前搬迁奖励，可将其性质统一为搬迁奖励。厦门市的奖励额度较高，它是按照被征收房屋的建筑面积结合区位房屋补偿价的 10% 给予一次性搬迁奖励，奖励金额最高不超过十万元；哈尔滨市则直接按照奖励期内完成搬迁验收的，每户给予搬家奖励12000元。也有一些城市，是按照单位面积计量搬迁奖励的，像盐城市规定的"合法面积在45平方米以下的（含45平方米），按照600元/平方米计算；45平方米以上部分按照300元/平方米计算；被征收房屋合法面积在90平方米以上的，90平方米以上部分按照120元/平方米计算"，就是一种单位面积计量的搬迁奖励方式。

（2）签约奖励。签约奖励是对按期签约的被征收人给予的奖励，其设置的主要原因是对房屋征收项目中先行签约的被征收人给予一定的奖励，对该项目范围内的其他征收人有示范效应。赤峰市奖励政策较为灵活，签约奖的幅度为2万—8万元；宿迁市的签约奖励明细则较为细致：根据《宿迁市市区国有土地上房屋征收与补偿办法》第四十一条规定，被征收人在分户评估结果公示后15日（含）以内订立协议的，给予不超过补偿总额7%的签约奖励；在分户评估结果公示后第16日（含）以后、第30日（含）以内订立协议的，给予不超过补偿总额4%的签约奖励；在分户评估结果公示后第31日（含）以后、第40日（含）以内订立协议的，给予不超过补偿总额2%的签约奖励；分户评估结果公示后第41日（含）以后订立协议的，不再给予签约奖励。

部分城市还设置了面积奖励、货币补偿奖励、异地安置奖励、货币补偿上浮奖励等。例如，昆明、洛阳、商丘、淮安还会根据被征收住宅房屋的合法面积进行奖励，奖励标准分别为300元、200元、200元、100元每平方米不等。同时，长沙、十堰等城市对被征收人选择货币补偿也会进行一定的奖励。其中武汉市正在制订的《武汉市国有土地上房屋征收与补偿操作指引》中，对于按期签约搬迁的被征收人选择货币补偿可以额外奖励相应房屋价值的10%，而选择调换产权的则可享受不超过被征收房屋价值2%的奖励，这对于被征收人选择货币补偿具有很大吸引力。部分城市的房屋征收奖励类别（见表3-8）。

表 3-8　　　　　　　　　部分城市房屋征收奖励类别

| 奖励 | 城市 | 奖励 | 城市 |
|---|---|---|---|
| 搬迁奖励 | 武汉市 | 签约奖励 | 武汉市 |
| | 广州市 | | 南通市 |
| | 开封市 | | 宿迁市 |
| | 南阳市 | | 宜昌市 |
| | 许昌市 | | 厦门市 |
| | 周口市 | | 赤峰市 |
| | 哈尔滨市 | | 重庆市 |
| | 昆明市 | | 洛阳市 |
| | 厦门市 | | 商丘市 |
| | 泰州市 | | 驻马店市 |
| | 重庆市 | 面积奖励 | 淮安市 |
| | 焦作市 | | 洛阳市 |
| | 信阳市 | | 商丘市 |
| | 宿迁市 | | 昆明市 |
| | 长沙市 | 货币补偿奖励 | 长沙市 |
| | 济南市 | | 十堰市 |
| | 长春市 | 货币补偿上浮奖励 | 宜昌市 |
| | 盐城市 | | 长沙市 |
| | 晋中市 | | |
| 按期搬迁奖励 | 济南市 | 异地安置奖励 | 宜昌市 |
| 寻找房源奖励 | 长沙市 | 成新奖励 | 长沙市 |

## 二　典型城市补偿政策总结

典型调查中，课题组走访了武汉、广州、南京和宜昌的房屋征收管理处，就房屋征收补偿与成本管理中的问题进行了调研。访谈内容围绕的征收管理方式、房屋征收补偿费、房屋征收补助费、房屋征收奖励费 4 个大类和类似房地产与新建商品价格之比、分户评估后周边房地产价格上涨情况、临时安置补偿标准等 18 个小类进行。对此所做出的的总结详见表 3-9。

表 3-9　　　　　　　　　　特别调查结果分析

| 内容　　城市 | 武汉市 | 广州市 | 南京市 | 宜昌市 |
|---|---|---|---|---|
| 征收管理方式 | 宏观管理 | 宏观管理 | 宏观管理 | 宏观管理+微观管理 |
| 类似房地产与新建商品价格之比（%） | 60—80 | 60 左右 | 60% | 中心区：70 其他：85 |
| 分户评估后周边房地产价格上涨情况 | 3% | 10% | 基本不存在 | 幅度较小 |
| "工交仓"等用途房屋评估标准 | 按照原有土地用途进行评估 | 按照原有土地用途进行评估 | 按照原有土地用途进行评估 | 按土地原用途适当修正后进行评估 |
| 房屋征收补偿费　临时安置补偿标准 | 产权调换：房屋交付前给予临时安置补偿费；货币补偿：支付 3 个月临时安置补偿费 | 产权调换：参照被征收房屋周边地区上一年度住宅房租赁标准；货币补偿：参照这个标准支付 3 个月 | 28 元/平方米（市征收办的负责人认为这个标准偏低） | 住宅：被征收房屋的建筑面积×被征收范围内住宅房屋评估平均价×0.3%；生产经营性用房：被征收房屋的建筑面积×被征收房屋评估单价×0.6%；货币补偿：3 个月临时安置补偿费 |
| 搬迁费的标准 | 一般为 1000 元/户；产权调换：涉及两次搬迁的给予 2000 元/户，也有部分区按 1600 元/户包干 | 搬迁费不低于 2000 元/户，有弹性；产权调换：涉及二次搬迁的，搬迁费增加一倍计算 | 全市统一制定，标准为 50 元/平方米，不足 1000 元的补足至 1000 元 | 住宅房屋：1000 元/户；非住宅：商业、办公按照 15 元/平方米，不低于 1000 元/户。生产、仓库由评估确定；产权调换：涉及两次搬迁的给予两次搬迁补偿费 |
| 停业补偿标准 | 无说明 | 按照征收决定前一年平均税后利润计算；货币补偿：给予 6 个月的补偿；产权调换：按照实际迁回实际给予 | 以被征收房屋评估价值为基数；营业性：予以 8% 的补偿；非营业性：予以 5% 的补偿 | 评估方式确定：一是以被征收房屋评估价值为基数进行评估；二是以被征收房屋使用效益为基数进行评估 |

续表

| 城市<br>内容 | | 武汉市 | 广州市 | 南京市 | 宜昌市 |
|---|---|---|---|---|---|
| 房屋征收补偿费 | 保底补偿 | 被征收房屋建筑面积不足30平方米的，按照30平方米给予征收补偿 | 没有类似政策，广州市此类情形属住房保障线管理，不涵盖在征收范围内 | 目前没有此类规定，南京实践中实际上已经取消经济适用房了，转而以公用产权房替代 | 最低面积保障：被征收房屋属于被征收人唯一住宅，按照30平方米进行补偿。临时安置面积保障：面积不足40平方米的按照40平方米计算临时安置补偿费 |
| | 未经登记建筑的补偿 | 一般按照住宅进行评估补偿 | 具体参照"住改商"情形处理 | 参照国务院条例进行处理，但是存在各部门之间推诿，一般由区政府牵头进行调解 | 参照《宜昌市城区国有土地上房屋征收范围内未经登记建筑调查认定办法》处理 |
| 房屋征收补助费 | 征收补助类别 | 全市统一：货币补助、建筑面积补助、困难补助、住改商补助。个别城区：房屋用途改变补助、小户型面积补助、产权调换补助 | 广州因不鼓励对征收进行补助，所以没有明确设立补助类别，各区在执行具体项目时有一定的弹性 | 没有统一规定补助的类别，下放给区里的权力也不大，这方面的控制比较严格 | 公摊面积补助、最低补偿面积补助、临时安置面积补助 |
| | 货币补偿补助 | 按照被征收房屋价值20%的标准给予货币补助 | 一般不存在货币补偿补助 | 可给予不超过房地产评估总额20%的奖励 | 按照被征收房屋价值20%的标准给予货币补助 |
| | 产权调换房屋与征收房屋价差补助 | 以被征收房屋与产权调换房屋面积相同的情况下，各区产权调换采用不同的方法 | 无说明 | 无说明 | 按"分别计算、互补差价"的原则，多退少补 |
| | 建筑面积补助 | 被征收人选择产权调换的，征收部门按照被征收房屋建筑的12%给予征收人建筑面积补助 | 通过奖励减少差额，弥补公摊面积差异的系数参照建安成本价，货币补偿部给予公摊面积补偿 | 无说明 | 被征收人选择产权调换的，征收部门按照被征收房屋建筑面积的12%给予征收人建筑面积补助 |
| | 困难补助 | 主要分为低保、残疾、重症三种情形 | 不设置此类补助 | 全市没有统一规定，各区按照实际情况有相应规定 | 没有类似补助 |

续表

| 内容 ＼ 城市 | | 武汉市 | 广州市 | 南京市 | 宜昌市 |
|---|---|---|---|---|---|
| 房屋征收补助费 | 住改非、非改非、非改住补助 | 住改商：对于被征收房屋为注册办理了工商营业执照的住改商业门面，对实际经营部分可以商业门面与住宅房屋市场评估差价的50%给予补助；非改住：按90%的住宅房屋补偿标准给予补偿；非改非：按周边地区经营性用房与原房屋用途评估差价的30%给予补助 | 分不同时间段，有前提条件，有兜底条款，不同类型不同处理，不低于原有土地用途价值 | 2010年7月前按照商业评估。非改住：原则上不补偿，按照原有用途评估，但考虑到实践中此类情形大多涉及一些老厂退休职工，属于弱势群体，所以会酌情考虑；非改非：严格按照原有土地用途进行评估 | 住改非：不给予额外补助；非改住：按住宅用途评估；非改非：目前没有明确规定，按原有用途评估 |
| | 小户型补助 | 武汉市有6个区规定了小户型补助政策，被征收人在选择货币补偿的前提下，建筑面积为35平方米以下的房屋，按照房屋价值的10%给予补助，采用梯度方式，每增加5平方米，补助标准下调2%，55平方米封顶 | 没有此类补助 | 没有此类补助 | 没有此类补助 |
| 房屋征收奖励费 | 征收奖励类别 | 各区设立签约奖励和搬迁奖励 | 征收奖励、搬迁奖励，总额不超过房屋评估价值的15% | 全市统一标准，无详细说明 | 签约搬家奖励：按时间给予每户不超过10000元奖励；货币补偿上浮奖励：按照被征收房屋评估价值上浮20%给予奖励；异地安置奖励：200元/平方米，不足5000元按5000元计算，不超过20000元 |

续表

| 内容＼城市 | | 武汉市 | 广州市 | 南京市 | 宜昌市 |
|---|---|---|---|---|---|
| 房屋征收奖励费 | 签约奖励 | 各区标准不一：会分成第一时段、第二时段、第三时段分别奖励 | 可以设置签约奖，较灵活，无详细说明 | 没有签约奖励 | 签约搬家奖励，按时间给予每户不超过10000元奖励 |
| | 搬迁奖励 | 各区标准不一：分的有集体搬迁奖、小户型搬迁奖、老年人搬迁奖等 | 征收奖励、搬迁奖励，总额不超过房屋评估价值的15% | 有提前搬家奖励 | 签约搬家奖励，按时间给予每户不超过10000元奖励 |

## 第三节　房屋征收补偿政策特征与问题探讨

根据调研总结，各地房屋征收补偿构成如图3-2所示。各部分呈现以下特征与问题：

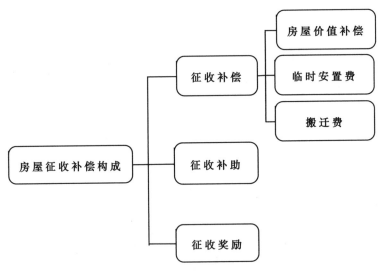

图3-2　房屋征收补偿构成

### 一　房屋价值补偿参照标准不一

《条例》第十九条规定："对被征收房屋价值的补偿，不得低于房屋征收决定公告之日被征收房屋类似房地产的市场价格。"由于参照的"类似房地产"标的不同，呈现房屋价值补偿与周边新建商品房价格关系差异：

第一，参照周边新建商品房的价格。此类做法，可以使被征收人接受补偿后就近买到面积相同的商品房。根据调查结果，22%的城市将新建商品房作为补偿参照系。

第二，参照二手房交易价格。此类做法，以周边同类二手房价格作为补偿依据。被征收人拿到补偿款并不能就近买到相同面积的新建商品房。如果没有足够的后续资金支持的情况下，只能以减小居住面积或搬离原住区为代价。根据调查结果，64%的城市将二手房作为补偿参照系。

第三，根据房屋实际情况，同时考虑周边普通新建商品房的市场价值和二手房交易价格。此类做法的城市占总数的14%。

## 二　补偿类别名目不一，标准制定缺乏依据

根据《条例》规定，房屋征收成本理应由征收补偿、征收补助、征收奖励构成，但是目前调查范围内的关于征收成本的设置名目还存在一定的问题。主要表现在对于补助、奖励的设置上，有些地区明文规定含有此类别，但是有些地区并没有设置，或者在征收工作中，将补偿、补助、奖励的概念混淆进行计量。

### （一）补偿的设置名目不一

从《条例》规定的征收补偿的设置组成来看，临时安置补偿、搬迁补偿、停产停业损失补偿的归类不一。有的城市列为补偿，有的城市列为补助，究其原因在于对补偿与补助的界定不明。但是从其含义和本质上看，临时安置费、搬迁费、停产停业损失都应统一归为补偿的类别。

对于其他类别的补偿也有涉及，比如对于装修补偿的设置。《条例》的立法原意是在评估时不考虑装修，所以并没有对装修补偿进行详细的设定。通过对43座城市的问卷收集来看，详细设置装修补偿的城市只有7座，数量较少。这并不代表征收时不对被征收人进行装修补偿，而是由征收人和被征收人在签订协议时评估或者协商确定。

### （二）补助、奖励的差异性较大

征收补助和奖励是为了更好的保障被征收人的合法权益而设置的，但是目前关于补助和奖励所面临的问题之一就是几乎每一座城市对此的名目

并没有统一的规范，类别各有不同。

对于征收补助，在调查的城市中，有的城市只设置了货币补助；有的城市甚至没有统一规定补助的类别，因为鼓励选择产权调换，不鼓励设置征收补助。

对于征收奖励，绝大部分城市设置了搬迁奖励和签约奖励，其中设置搬迁奖励的有 18 座城市，设置签约奖励的有 10 座城市。有些城市设置的名目较多，比如长沙市，对选择货币补偿的奖励比较丰富，有成新奖励、上浮奖励、提前搬迁奖励、选择货币补偿奖励、寻找房源奖励，而选择选择产权调换的只有提前搬迁奖励；有些城市设置的名目较少，比如南京市、晋中市等，只设置了搬迁奖励；有些城市没有统一的奖励，或者奖励名目缺少，比如平顶山市。

（三）取费标准不一

根据《条例》第四条、第十条、第十七条规定："市、县级人民政府确定的房屋征收部门组织实施本行政区域的房屋征收与补偿工作。""房屋征收部门拟定征收补偿方案，报市、县级人民政府。""市、县级人民政府应当制定补助和奖励办法，对被征收人给予补助和奖励。"可以看出，全国制定的房屋征收补偿标准，是由市、县一级人民政府进行确定的。由于全国实情差异较大，现行的征收成本中，就不可避免地存在设置标准不一的问题。

首先，标准制定行政单位不一。有些城市是由市一级单位进行设置，全市实行统一的标准。这样的城市有长沙市、昆明市、驻马店市、开封市等。有些城市是由各区、县一级单位确定标准，这样的城市有广州市、重庆市、西宁市等，他们的补偿标准由区县级人民政府结合实际自行制定，执行具体项目时有一定的弹性。这与城市规模的大小并不存在必然的联系。

其次，标准制定的方法不一。如搬迁补偿，有些城市是按照每户总额上限进行补偿，这样的城市有昆明市等；有些城市是按照征收房屋的面积进行补偿，这样的城市有南京市、厦门市、盐城市等。再如停产停业损失补偿的标准确定形式，广州市、厦门市、黄冈市等是以"协商"形式进行确定补偿的标准，重庆市、宿迁市是以"评估"的方法确定补偿的标准。

### 三　补助、奖励构成对房屋价值补偿的补充

《国有土地上房屋征收补偿条例》在提高征收补偿方面明确规定对被征收人的补偿需要包括对被征收房屋价值的补偿、搬迁与临时安置的补偿以及各地制定的补助与奖励，此外房屋价值的补偿要按市场价格作为评估依据。这些规定相对于《城市房屋拆迁管理条例》来说是一大进步，从制度上提高了对被征收人的权益保障。

从各个城市的调研来看，各地征收补偿的构成与标准存在一定共性，也存在一定的差异性：（1）共性。自《条例》实施以来，各地征收成本的控制管理日趋成熟，基本都囊括了征收补偿、征收补助、征收奖励等部分。这些征收成本的构成，是为了使房屋征收工作的实际操作更全面、更严谨、更规范。（2）差异性。①《条例》对房屋价值补偿做了较为详细的规定，对搬迁与临时安置、奖励、补助等方面只做了原则性规定，因此造成各个城市的补偿、补助、奖励名目不一、标准不一的现象；②各个城市对被征收人支付的补偿总额与被征收房屋价值之比高低不一。

# 第四章　房屋补偿原则的应然
目标与实践评判

从第三章对全国 43 个城市房屋征收补偿政策的调查问卷结果来看，以"周边同类商品房市场价格"作为房屋价值补偿的参考依据（以下简称"市价补偿"），并辅之以补助、奖励的形式，是目前全国城市通行的做法。但是，如果以"完全补偿"作为征收补偿的终极目标，目前的做法离"市价补偿"还有多远？作为补偿政策补充的补助政策，其类别该考虑哪些因素？补助、奖励制度的标准是什么？对市价补偿的不完全性的反思成为必要。

## 第一节　完全补偿原则及其制度意义

各国关于财产征收的补偿原则，大体上有"完全补偿""不完全补偿""公正补偿""适当补偿""市价补偿""合理补偿"等提法。前述诸提法并不是并列关系，"适当补偿""市价补偿""合理补偿"属于不完全补偿，而"公正补偿"是补偿原则的金字塔顶端，具有最高的抽象性。其他原则都是公正补偿原则的具体化，是在历史发展演变过程中产生的具体形式。

完全补偿原则是最理想的补偿方式，是从"所有权神圣不可侵犯"的观念出发，认为损失补偿的目的在于实现平等，而财产征用是对"法律面前人人平等"原则的破坏，为矫正这一不平等的财产权侵害，自然应当给予完全的补偿，才符合公平正义的要求。完全补偿应包括一切附带损失，即补偿不仅限于征用的客体，而且还应包括与该客体有直接或间接关联以及因此而延伸的一切经济上和非经济上的利益。

在 19 世纪中下叶到 20 世纪中叶，世界上很多国家对财产征收的补偿原则都是完全补偿。在德国各州，完全补偿不仅应补偿被征用标的物的通

常价值（Der gemeine Wert），而且要补偿该物的特别价值（Der ausseror
dentliche Wert）。所谓通常价值是指物对任何人都能使用的价值以及对任
何人都能产生及估价计算出的便利和舒适的价值。所谓特别价值则是除通
常价值外，基于某种条件及关系才产生的价值。实际上，就要补偿被征用
人的一切损失（张韵声，2006）。加拿大征收补偿原则主要依据英格兰领
地条款法案1845（England land clause act 1845）中关于"基于所有权人
的价值"的原则。此原则的目的在于保证被征收人在征收前后的经济福
利水平不变（Knetsch，Borcherding，1979）。

目前，国内关于国有土地上房屋征收拆迁纠纷，大多是因为对补偿价
格或者补偿办法不满意。考察现行的房屋征收补偿制度，以"完全补偿"
作为标杆进行比较，具有十分重要的理论意义和现实意义。

其一，从社会的公平正义精神看，完全补偿可以弥补被征收人的特别
牺牲，确保财产权得到平等的保护，社会负担得到公平的分配。

对财产权的平等保护是民主法治国家的基本原则。从财产的投资和利
用角度看，对财产权的不平等保护会造成两种可能的后果：或者是少数有
权有势的富人剥夺穷人，或者是大多数的穷人利用多数决的民主机制剥夺
富人。无论出现哪一种情况，其必然的结果是导致人们丧失对财产权的稳
定预期。"有恒产者有恒心"，如果缺乏对财产权的稳定预期，理性的个
体将不再对财产进行投资和开发，而是对其进行掠夺式的使用。这将造成
资源的浪费，也不利于经济的可持续发展。因此，宪法对不同主体的财产
权必须平等地加以保护。规定征收必须以补偿为前提，正是实现这种平等
保护的必然要求。

特别牺牲说是被世界各国广为接受的财产征收补偿通说。特别牺牲说
基于法的公平正义的观念，认为国家的合法征地行为，对人民权益所造成
的损失，与国家课以人民一般的负担（如纳税及服兵役等）不同，它是
使无义务的特定人对国家所作的特别牺牲，这种特别牺牲应当由全体人民
共同分担给其以补偿，才符合公平正义的精神。如果一个国家随意剥夺无
辜者的财产，就和按照个人意志而不是法律剥夺人的生命和自由一样，必
将导致人们为了维护自己的根本利益而诉诸欺骗、贿赂或暴力手段，从而
加剧社会的政治冲突。在提供完全补偿的条件下，尽管对财产的保护是一
种责任规则的保护，但其效果已经接近产权规则保护的效果。在那些对政
府持怀疑态度或者抱有较强不信任感的人看来，完全补偿是杜绝公权力滥

用的有效手段。

其二，从土地利用方面看，完全补偿会推动土地资源的有效配置。

自由价格机制下，土地用途竞争的结果导致较低层次用途向较高层次用途转换，土地的收益能力上升，因而购买价格理应高于土地的现有价值。而在征收权行使过程中，用地单位以较低水平的赔偿费取得土地所有权或使用权并不一定导致较高层次和最佳用途的土地利用，反而可能造成土地利用的低效率。Heller、Krier（1998）提出不完全补偿会造成政府"财政幻觉"（fiscal illusion），从而影响资源的有效配置。他们认为征收补偿从某一方面来讲是为了强迫政府将征收的成本内部化，从而使社会资源配置达到经济学意义上的最佳点。然而征收行为不仅具有管理成本，而且具有昂贵的机会成本：一旦财产被政府征收，它就不可能再被其他人开发使用。如果政府不需要给予补偿，即不需要花钱就可征收财产，那么政府可能会受到"财政错觉"之影响，也就是政府官员将误以为所征收的资源没有机会成本或机会成本很低，从而做出非理性决策。其结果必然导致政府过度征收，进而导致资源的错误配置和浪费。完全补偿是一种最彻底最全面的补偿，可以有效地杜绝"财政幻觉"的出现，将所有征收成本都内化入政府的预算当中，使得政府的征收决策符合社会的需求。

其三，从社会福利角度看，只有完全补偿才能达到旧城改造中的帕累托最优。

帕累托标准是福利经济学中最重要的福利标准之一，"如果从一种社会状态到另一种社会状态的变化，使至少一个人的福利增加，而同时又没有使任何一个人的福利减少，那么，这种变化就是好的，就是可取的，就是社会所希望的"①。而现实情况是，往往一项政策的实施虽然导致物质生产率的提高，进而导致总实际收入的增加，但同时也损害了一部分人的利益，这时对政策的评判标准就是是否对受到损失的人进行完全补偿。在旧城改造中，政府通过对旧城区危旧房屋的征收进行土地的再开发，从而为城市带来更多的土地利用空间和更好的公共设施配套，对大众来说是福利的改善，对被征收者来说是个人福利的牺牲。如果被征收人可以在旧城改造中得到完全补偿，那么就符合卡尔多—希克斯补偿检验标准（Kaldor -Hicks Criterion）：即一项政策的出台导致物质生产率的提高，如果受到

① 姚明霞：《福利经济学》，经济日报出版社 2005 年版，第 16 页。

损失的人可以被完全补偿，而其他人的福利可以仍然比原来的有所提高，那么这一政策就仍然是好的。① 因此，对被征收人的完全补偿，是旧城改造通向帕累托最优的重要路径。

其四，从项目成本看，完全补偿可以缩短项目征收交易成本，顺利推进房屋征收后的项目建设。

征收者为达成征收目的，在缔结和履行契约过程中是存在交易成本的，这些成本分别以直接资金投入、时间投入、机会成本等形式表现出来。如与被征收人的谈判成本、与相关政府部门打交道的成本、造成纠纷的诉讼成本等。此外，被征收人对征收的不满通过"钉子户"（hold-out）行为表现，利用时间拖延与征收者进行博弈，也会引起交易的成本提高（Cadigan，Schmitt and Shupp，2011）。虽然房屋征收主体是政府，但是政府的征收补偿基金都来自有意向的开发商。例如，处于 A 市市中心的 B 社区因为旧城改造需要进行征收。征收后用于高档商品房和商业的开发。该项目总成本预计 20 亿元，其中在房屋征收方面预计投入 4 亿元，于是将 4 亿元作为补偿费用打入专门账户。② 有 500 户需要征收，根据周边市场价格，每平方米征收价格在 8000 元。被征收人认为只有到 10000 元才能完全弥补他们的损失，于是拒绝签订征收协议。征收方会在谈判环节加大投入人力物力。项目因此而拖延了 1—2 年。考虑到这 4 亿元的时间成本、机会成本以及未来市场风险，征收方不得不提高补偿额，直到双方达成一致。这期间造成的交易成本包括谈判时间拖延造成的机会成本和在谈判中投入的人力物力成本。对开发商来说，1—2 年的机会成本是巨大的。

## 第二节　完全补偿原则下被征住宅的应然价值构成

虽然完全补偿所涵盖的价值内容不容易被测量，但是以完全补偿为目标梳理征收所涉及的住宅价值，有利于在实践中推进补偿的完全性。

---

① 姚明霞：《福利经济学》，经济日报出版社 2005 年版，第 23 页。
② 《新条例》第十二条："作出房屋征收决定前，征收补偿费用应当足额到位、专户存储、专款专用。"

## 一　房屋在被征收前价值

（一）房屋在被征收前的客观价值

V1——初始客观价值。房屋的初始客观价值是被征收人最初取得该房地产权利时所花费的成本。土地的初始客观价值就是购入时的市场价格与交易成本之和。地上房屋的初始客观价值就是房屋的所有建造成本及利润。V1>0。

V2——自然增值。自然增值是指从房屋所有权人获得房屋产权起，到房屋被征收期间内，由于不动产自身性质的变化导致的价值改变。价值增加的原因可能是可用土地面积的减少而导致的土地增值。价值减少的原因：一是地上房屋自身性质的改变，如年久失修导致的房屋价值的损失；二是由于房屋供应量过大导致的房屋价值减少。V2>0 或<0。

V3——直接投资增值。直接投资增值是房屋所有权人投入房屋中的劳动力、资本等要素在房屋中凝结固化的表现。对于商铺而言，是商铺所有权人对商铺的装修、招商和经营等活动，提升了商铺的商业价值；对于住宅而言，是住宅所有权人对房屋的维护、保养，和对社区环境的营造提升社区居住价值。V3≥0。

V4——环境辐射增值。环境辐射增值是从房屋所有权人获得房屋产权起，到房屋被征收的期间内，由于周边环境的变化而导致的房屋价值变化。此处所指的环境既包括自然环境，也包括社会、经济等人文环境。环境辐射价值来源于房屋的不可移动性。房屋的价值强烈地受到所处区位的影响。这种影响可能是正面的，也可能是负面的。因此 V4 可能为正，也可能为负。随着周边经济的发展，地价会上升，此时 V4>0。如果周围的污染加重，房屋价值会减损，此时 V4<0。

（二）征收前被征收人的主观溢价

征收前被征收人的主观价值包括消费者剩余和社区价值两部分。它们都是随着房屋被持有和居住的时间的增加而增长的。

V5——消费者剩余。消费者剩余是指作为房屋购买的消费者支付意愿与市场价格之间的差额，衡量了消费者在购买房屋行为中感觉到所获得的额外利益，体现的是房屋给消费者的总效用与其市场价格之间的差额。

在住宅购买行为中，如果一个购房者以低于其可接受的最高价格的市场价格购入住宅，那么该购房者赋予这套住宅的总效用就高于市场价格。

这个差额来源于房屋所有权人对于该住宅的感情依恋、住宅对于房屋所有权人的独特适用性等因素。土地和房屋由于其不可移动的特性而变得特别容易成为感情的赋予对象。V5>0。

V6——社区价值。用于居住的房屋具有社区价值。这种价值来源于长期居住而形成的社区情感：一种成员所拥有的归属感，一种成员彼此间及与整个群体休戚相关的感情，以及对成员的需求将通过他们对共同生活的认同而得到满足的共同信念（Mcmillan，George，1986）。社会学上的"社会资本"概念描述的就是这种情感带来的互动关系和社交网络所具有的内在价值。社区价值就是同一社区内的社会资本在财产上的体现。

生活在一个具有较强凝聚力和互动关系的社区中的居民，往往会放弃那些可以改善他们居住条件的搬迁机会。其原因正是迁离社区所导致的社区价值的损失超过了物质条件的改善所带来的收益。征收将造成社区居民的强制搬迁，在大多数情况下，原有的互动网络将在搬迁后被打破，财产的社区价值随着社区的解体而消失。西方社会大规模城市改造运动时期的历史已经反复证明了这一点。

高社区价值对征收造成的困难体现在两个方面：首先，由于认同目前所居住的社区，被征收者不愿意以公平市场价格作为补偿标准；其次，由于被征收者之间存在互动网络，他们更容易组织起来采取集体行动来反对征收。这种有组织的反抗比单个被征收者的反抗要有效得多。V6≥0。

## 二　征收事件对房屋的影响价值

V7——征收项目对房价影响。征收的目的往往是公共利益需要，改变城市的形象、提升居民住房水平、改善区域的基础设施建设、提高区域经济活力和土地利用集约度等。对国有土地上房屋的征收，一种情况是旧城改造，将原有的危旧住区改造为新型社区或者利用区位优势建造商业中心。无论是住区的再建还是将土地用途从价值较低的利用方式转变为价值较高的利用方式都将导致土地的增值。这种增值来自资本有机构成的增加和土地利用集约度的提高。此时 V7>0。另一种情况是将房屋征收用于基础设施建设，如地铁的修建、高架桥的修建。如果基础设施建设对区位带来的是正的效应，如改善了交通条件，提升了区位价值，那么 V7>0，如果是负的效应，如造成了噪声污染和交通拥堵，那么 V7<0。这部分的价值变动来自政府投资和未来土地使用者对土地的投资和使用，理论上与被

征收人无关。但是由于征收中对未来规划消息的释放，人们会对区域内房价产生乐观的预期从而推动房价在短期内的快速增长。因此，从发布公告到得到补偿期间，被征收者拿到的补偿款已经无法在周边买到类似房屋，需要从未来土地增值中适当给予被征收人以补偿。

OC——被征收者机会成本。在自由市场中，房屋从低价值认知的人转移到高价值认知的人手中。当房屋未遇到征收的情况下，房屋所有权人就有获得这种溢价的可能。征收是对被征收人未来可能获得这种供应者剩余权利的剥夺。例如，一套房产公开市场价格是120万元，房产所有权人的主观价值是150万元。假定对此区域发展持乐观态度的人认为该房产价值是200万元，并且会尽其所能获得该房产并得到他的剩余。因此，成交价将会在150万—200万元，这取决于双方的讨价还价水平。总之房屋所有权人有机会在此交易产生的剩余中获得一杯羹。这就是房屋被征收后的被征收者的机会成本。OC≥0。

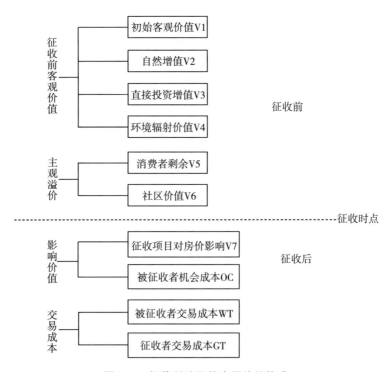

图4-1 征收所涉及的房屋价值构成

### 三 交易成本

T——被征收者交易成本。征收的交易成本是征收双方为达成协议并完成征收所花费的开支。交易成本可以分为两部分，GT 是征收者（政府）承担的交易成本，WT 是被征收者承担的交易成本。具体来说，征收的交易成本包括：征收者在选择用地和现场勘查、评估被征收房产价值、履行告知义务和听证义务、支付补偿等一系列程序中所花费的成本，被征收者寻找新的住址或经营场所并实施搬迁的费用，双方为了达成一致意见而付出的谈判成本，发生诉讼时的诉讼成本，发生抗争时被征收者的抗交易成本。T>0。

## 第三节 市价补偿的内涵及不完全性

### 一 公正补偿原则下的市价补偿

美国宪法第五修正案提出的公正补偿（just compensation）就是按照公平市场价值（fair market value）作为补偿依据，以"最高最佳使用"（highest and best use）为原则。在我国，从 1991 年按照所拆房屋建筑面积的重置价格结合成新结算①到 2001 年市场评估价和政府指导价的双轨制②，再到《新条例》规定"对被征收房屋价值的补偿，不得低于房屋征收决定公告之日被征收房屋类似房地产的市场价格"。③ 可以看到公开市场价值成为我国国有土地上的房屋征收补偿标准。《国有土地上房屋征收评估办法》中指明"被征收房屋的类似房地产有交易的，应当选用市场法评估；被征收房屋或者其类似房地产有经济收益的，应当选用收益法评估；被征收房屋是在建工程的，应当选用假设开发法评估"。我国的住宅市场非常活跃，因此市场比较法评估是住宅征收补偿评估首选的方法。其进步在于以下几点：

---

① 《城市房屋拆迁管理条例》（1991 年）第二十条。
② 《城市房屋拆迁估价指导意见》（2004 年）第十三条。
③ 《国有土地上房屋征收补偿条例》（2011 年）第十九条。

（一）从重置成本补偿到市价补偿，是公权力对私权利的尊重

首先，相对重置成本法，市场比较法的估价结果更贴近实际。由于成本对于市场变化的感知较间接，因此重置成本法不能及时反映房屋的价格水平。市场比较法以发达的市场体系为前提，与估价时点近期有过交易的类似房地产进行比较，对这些类似房地产的已知价格作适当的修正，因此更具有时点性，是当前供需和未来预期的直接反映。

其次，相对重置成本法，市场比较法对被征收人的重置能力进行了考虑。重置成本法和市场比较法中建筑物的成新率对估价结果影响程度不同：以一个八成新的待征收房屋为例，用房地分开的成本法估算，建筑物价值需要扣除20%折旧。用市场比较法估算，折旧部分只是占因素系数修正的8%—10%权重。这20%的折旧对最终估价结果的影响可能只有1.6%—2%。在旧城改造中，征收对象往往是危旧房，如果用重置成本法进行补偿估价，去除折旧后补偿金额根本不足以被征收人购买类似地段的新房，或者被征收人被迫安置到其他偏远地区，进而影响家庭成员的上班、上学等。而使用市场比较法进行的补偿估价，折旧对补偿金额的最终影响就会小很多。

（二）以征收公告之日为估价时点，使得土地使用权价值得到基本显化

我国城市房屋产权包括土地使用权和房屋所有权，其价值也由这两部分构成。随着土地有偿使用的市场化进程加快，土地使用权价值已经远远高于房屋所有权价值。从法理上说，城市房屋征收的实质是国家以土地所有权人的身份对收回土地使用权。因此，目前城市房屋征收给被征收人的补偿关键是对土地使用权的补偿。因为离开了土地的房屋，也就剩下木头和砖头，没有多少价值。另外，城市房屋拆迁的唯一目的是取得被拆迁房屋的土地使用权，而不是房屋的所有权。

在以往的实际操作中，重置成本法中的地价成本一般都参考基准地价或所谓土地区位价格来调整区位因素对地价的影响，这两种价格在现实的土地市场上是不存在的，没有哪个开发商可以在招、拍、挂的土地市场上用这两种价格拿到土地。即使后来实行政府指导价和公开市场价格的双轨制，政府在土地管理活动中的双重身份使得偏离市场价值的政府指导价成为制定补偿标准的主导方式。用市场比较法评估得出的房地产价格反映了评估时点在公开市场上的土地使用权价格，具有时点性、区位性。

（三）就近安置使被征收人得以分享土地发展权

土地征收过程中对于土地发展权的补偿成为近年来的理论探讨和实践尝试的热点。土地发展权包括：①土地原有用途或性质发生改变而带来的权利；②土地利用强度改变而获得的权利。由于土地发展权是基于土地所有权权利束的一部分，鲜有学者涉及土地使用权人对土地溢价是否该享有的探讨。

在我国，房屋征收行为本身不产生利益，但基于征收行为之后由于土地用途性质改变、利用强度改变和对土地的再投入会产生增值收益。这部分增值收益被地方政府以土地出让金的形式和开发商超额利润的形式被分配。然而，土地不论是作为生产资料还是生活资料，原土地使用者都参与了价值的创造过程。因此作为土地增值过程中一个重要的组成部分，原土地使用权人理应享有土地增值的部分收益。

按照以前的房屋征收补偿办法，被征收人常常被迫而提前交还土地使用权，尽管在征收过程中得到了部分土地使用权补偿，但却因为土地使用权的提前回收失去了这块土地的未来增值收益，这对于被征收人来说是不公平的。新条例中关于必须提供就地或就近安置的要求，相当于保留了被征收人对被征收土地未来增值溢价的享有权。改变了以往被征收人被迫搬迁到较偏远地区或者拿着补偿金在周边找不到房屋供应的状况，是补偿办法的一大进步。虽然土地溢价补偿没有得到显化，但就地或就近安置方案给被征收人提供了一个享有土地溢价的机会。

## 二　市价补偿的不完全性

（一）补偿价格形成前提的公平缺失

所谓市价补偿，其前提是存在着良好的市场条件并以此作为交易的基础。通常而言，达成公平市场交易价格必须满足几个条件：①市场是开放的；②获取信息的成本不会太高；③经过合理的等待时间以便潜在的买家能发现该财产；④交易双方自愿达成协议。

深入分析征收补偿价格的形成机制不难发现征收过程是强制交易行为，不存在价格形成的公正的市场条件。换句话说，在征收补偿过程中"公平市场价值"在很大程度上是一个"神话"。其原因在于：①房屋征收发生在一个买方和一个卖方之间，"开放"的市场并不存在；②征收人与被征收人之间处于不平等地位。与一般市场主体之间的自愿交易相比，房屋征收所体现的是一种强制交易行为，征收主体是政府，被征收人处于弱势地位；③从时间上看，征收补偿安置协议的签订和搬迁均受征收期限的限制，不能用时间去检验征收价格是否合理。

（二）市场价格是客观价值，不能涵盖被征收者的主观价值（V5+V6）。

市场价格是一种客观的非人格化的价格（V1+V2+V3+V4），客观的市场价格不能完全包含被征收者个人对财产的主观偏爱（V5+V6）。因为，如果市场价格高于主观价格时，房屋所有权人早已出售了该房屋。因此，当被征收者对被征收财产的消费者剩余和社区价值评价较高时，如果仅以此评估价格作为补偿标准，势必造成被征收者的损失，而不能完全弥补这种特别牺牲。

（三）房屋征收补偿的估价时点在征收决定公告之日，不能反映房屋征收导致的价值变化（V7）。

在旧城改造或者基础设施建设大力推进的时代，城市房价也在日新月异的变化。对被征收房屋的估价定格在征收决定公告之日，一方面否认了被征收者享受征收带来溢价的权利。另一方面由于对未来改造规划信息的释放，人们会对区域内房价产生乐观的预期从而推动房价在短期内的快速增长。因此，从发布公告到得到补偿期间，被征收者拿到的补偿款已经无法在周边买到类似房屋。

（四）强制交易下的市价补偿，是对被征收者未来可能获利权利（OC）的剥夺。

国有土地上房屋征收，主要是对土地使用权的回收。土地使用权作为一种用益物权，享有占有、使用、收益的排他性的权利。70年的国有土地使用权，就赋予了土地使用权人70年的收益权。政府的强制征收行为，就是剥夺了被征收人的占有、使用、收益权利，所谓市价补偿，只是对剩余土地使用权的一次性买断和补偿，但其实，被征收者也许并不同意出售自己的土地使用权，因为房价上涨的预期，被征收者未来获得额外利润的机会是较大的。

（五）市场价格相同的房屋不一定具有相同效用。

征收行为让被征收人背负的主观价值损失通过相等价格的替代品来弥补。Knetsch（1979）用红酒与房地产对比，说明了房地产作为一种特殊商品，在市场上不可能购买到完全相同的替代品，以取代原先物品给所有者带来的效用。从房地产特征价格理论看，房屋的价格取决与区域、面积、风格、户型、邻里关系等特征以及消费者对这些特征组合的偏好。由于房地产的异质性，世界上没有两套完全相同的房屋。两套价格相等的房子，对于被征收人来说不一定具有相等的价值，并且房屋主人对房屋的情感依附会随着居住年限的增加而提高。[①]

因此，征收本身就是一种剥夺。首先它剥夺了财产参与公平市场交易的机会，其次，即使得到完全补偿，也未必能弥补原有房屋的效用。而《新条例》规定的补偿价格"不低于房屋征收决定公告之日被征收房屋类似房地产的市场价格"，和补偿价格包括"因征收房屋造成的搬迁、临时安置的补偿"反映的只是房屋客观价值和部分交易成本（V1+V2+V3+V4+WT），并未将被征收者的主观价值予以补偿（V5+V6），也未对征收这样的强制交易导致的权利剥夺进行补偿（OC）。《新条例》中对就地就近安置的强制要求，提供了土地溢价的分享机会，但是，对于需要货币补偿的被征收人来说，征收导致的价值变化（V7）没有反映到补偿额中。

基于被征收人意愿补偿价格涉及房屋的客观价值和被征人的主观价值。现有的征收补偿办法与被征收人的意愿补偿价格差距有多大？是哪些因素导致的此差距？本书拟通过理论分析和实证研究探索其中规律。

## 第四节　市价补偿与新建商品房价格关系的实证分析

在征收实践中，按照新建商品房补偿是最接近完全补偿价格的。为考察实际工作中在"市价补偿"原则指导下，征收补偿价格离完全补偿还差多远，还需要多少奖励与补助才能维持被征收人前后福利水平不变，并研究价差的空间分布差异，以利于因地制宜地确定合理的补偿范围区间，完善征收补偿标准，本研究尝试用大样本分析一个城市中市场价格与评估价格的价差关系及其空间分布差异。

---

　　① Knetsch（1979）用红酒做比方，如果政府因为某种原因征收了一瓶不列颠哥伦比亚酒，并以市场价格补偿给了酒的主人，除了造成一些琐碎和不便之外，没有造成福利的损失。但是房屋的价格取决于区域、面积、风格、户型、邻里关系等特征以及消费者对这些特征组合的偏好，在市场上不可能购买到完全相同的房屋，以取代原先房屋给所有者带来的效用。

## 一　研究区域

调查选择武汉市作为研究对象。首先，武汉市作为全国范围内较早开始大范围房屋征收工作的城市，有着相对成熟的工作实践经验，有着一批成熟、可借鉴、典型的征收案例，便于采样研究；其次，武汉市的房屋征收补偿框架比较完善，先后出台了一系列的办法、指引，法律依据充分。并且，武汉市地处中部地区，素有九省通衢之称，能够具有相当代表性，通过对武汉的研究期望对全国征收工作具有示范意义。

武汉市行政辖区总面积 8594 平方公里，公有 13 个辖区，其中江岸区、江汉区、硚口区、汉阳区、武昌区、洪山区、青山区 7 个为中心城区，东西湖区、蔡甸区、江夏区、黄陂区、新洲区、汉南区 6 个为新城区。

本次数据抽样选择武汉市中心城区范围内的江岸区、江汉区、硚口区、汉阳区、武昌区、洪山区、青山区 7 个区作为研究区域。而东西湖区、蔡甸区、江夏区、黄陂区、新洲区、汉南区均属于非中心城区，征收项目非常少，不具有典型意义而未纳入研究区域。

## 二　数据来源

（1）对各区征收办进行了调查，对各区政策进行了研究；（2）采集了武汉市 92 个征收项目，900 多户样本数据。

研究所采用的数据来自课题组对武汉市近年住宅类典型征收项目情况的调查。内容包括项目名称、位置、征收时点、征收量、征收面积、所参考类似房地产价格、周边商品房价格、评估价格等。数据信息真实、客观、及时地反映了征收项目周边房地产市场价格与被征收房屋价值的关系趋势。对数据进行初步整理，剔除不符合测算要求的，此次收集到的项目样本总量为 92 个，其中汉阳区 14 个，所占比例为 15%。洪山区 10 个，所占比例为 11%。江岸区 24 个，所占比例为 26%。江汉区 10 个，所占比例为 11%。硚口区 7 个，所占比例为 7%。青山区 8 个，所占比例为 9%。武昌区 19 个，所占比例为 21%。

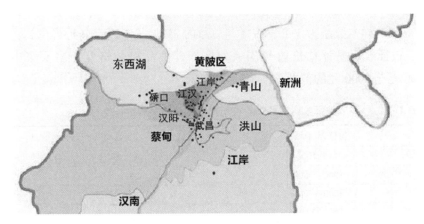

图4-2 武汉市征收项目数据采集分布情况

表4-1 武汉市征收项目数据采集样本来源占比

| 区域 | 样本比例（%） |
| --- | --- |
| 武昌 | 21 |
| 汉阳 | 15 |
| 洪山 | 11 |
| 江岸 | 26 |
| 江汉 | 11 |
| 硚口 | 7 |
| 青山 | 9 |

### 三 被征收房屋评估价与商品房价格关系

将项目样本中的类似房地产价格与被征收房屋评估价格进行差额绝对值比较。其中，类似房地产价格与被征收房屋评估价值价格差额小于500元的样本数量为69个，占样本总数的76%。价格差额为500—1000元的样本数量为17个，占样本总数的18%。价格差额在1000元以上的样本数量为6个，占样本总量的6%。不难看出，被征收房屋价值评估结果与类似房地产市场价值基本相当。

比较被征收房屋评估价与周边地区新建商品房价格差距发现，其中价格差距小于1000元的样本数量为5个，占样本总数的6%；价格差距在1000—3000元的样本数量为61个，占样本总数的66%；价格差距在

3000—5000 元的样本数量为 23 个，占样本总数的 25%；价格差距大于
5000 元的样本数量为 3 个，占样本总数的 3%。基于以上分析可以初步得
出，被征收房屋评估价值与周边地区新建商品房价格差距主要集中在
2000 元至 3000 元的范围。

表 4-2　　　　　　被征收房屋评估价格与周边新建商品房价格差距

| 价格差（元） | 占比（%） |
| --- | --- |
| 小于 1000 | 6 |
| 1000—3000 | 66 |
| 3000—5000 | 25 |
| 大于 5000 | 3 |

　　抽调样本中，被征收房屋评估价格与周边地区新建商品房价格差值最
小为 827 元/平方米，占被征收房屋评估价格的 11%；价格差值最大为
2736 元/平方米，占被征收房屋评估价格的 30%，平均价差为 1686 元/平
方米。洪山区被征收房屋评估价格与周边地区新建商品房价格差值最小为
524 元/平方米，占被征收房屋评估价格的 8%；最大为 3106 元/平方米，
占被征收房屋评估价格的 30%，平均价差为 1425 元/平方米。江岸区被征
收房屋评估价格与周边地区新建商品房价格差值最小为 934 元/平方米，
占被征收房屋评估价格的 11%；最大为 7899 元/平方米，超出被征收房屋
评估价值一半以上，平均价差为 3522 元/平方米；江汉区被征收房屋评估
价格与周边地区新建商品房价格差值最小为 916 元/平方米，占被征收房
评估价格的 11%。最大为 7384 元/平方米，占被征收房屋评估价格的
70%，平均价差为 5505 元/平方米。硚口区被征收房屋评估价格与周边地
区新建商品房价格差值最小为 1152 元/平方米，占被征收房屋评估价值的
15%；最大为 5392 元/平方米占被征收房屋评估价值的 59%，平均价差为
2212 元/平方米。青山区被征收房屋评估价格与周边地区新建商品房价格
差值最小为 1462 元/平方米，占被征收房屋评估价值的 20%，差值最大为
2856，占被征收房屋评估价值的 40%，平均价差为 2211 元/平方米。武昌
区被征收房屋评估价格与周边地区新建商品房价格差值最小为 870 元/平
方米，占被征收房屋评估价值的 9%；最高为 4908 元/平方米，占被征收
房屋评估价值的 48%，平均价差为 2627 元/平方米。
　　通过对武汉市各区被征收房屋评估价格与周边地区新建商品房价格关

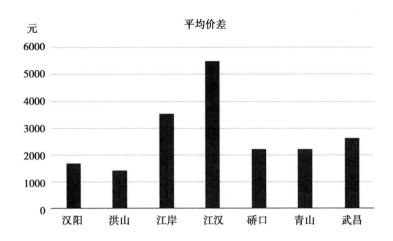

**图 4-3　武汉各区被征收房屋评估价格与周边新建商品房价格差**

系的分析可以看出：首先，以被征收房屋价值评估结果为基准，周边新建商品房价普遍高于被征收房屋价值 10%—30%，部分地区可超过 50%；其次，各区商品房价格存在较大差异，商品房价格越高的地区，被征收房屋评估价值与周边地区商品房价格的差距越大。区域价差的规律为征收补偿中按照区位条件制定补助与奖励政策制定提供了参考依据。

## 四　基于 Hedonic 模型的评估价格影响因素研究

### （一）方法概述

Hedonic 模型最早由美国汽车产业的分析专家 A. T. Court 提出，20 世纪 70 年代被 Rosen 引入房地产与城市经济领域并建立起具体的 Hedonic 住宅价格模型之后，被广泛应用于房地产价值的实证研究之中。

Hedonic 模型思想认为异质商品是由多种不同的属性组成，其成交价格的差异是由各属性的数量和组合方式的不同决定的（房地产是一种典型的异质商品）。其核心在于通过对市场交易数据的拟合评估出各属性的隐含价格，并建立起反映价格与各属性特征间关系的函数模型。

1. 模型的选择

Hedonic 模型的核心思想在于揭示价格与商品属性间的关系，即建立价格与属性特征间的函数模型。结合国内外学者在有关房地产影响因素实证研究中的经验，报告将分别采取线性、对数和半对数三种形式的模型对样本数据进行拟合，模型的函数形式如下：

①线性形式（Linear）

$$P = \alpha 0 + \sum \alpha i C i + \varepsilon$$

其中 $P$ ——被征收房屋评估价格；

$\alpha 0$——除特征变量外其他影响价格的常量之和；

$\alpha i$ ——特征变量的特征价格；

$C i$ ——特征变量；

$\varepsilon$ ——误差项。

线性函数中自变量和因变量均以线性形式进入模型，回归系数对应着特征的隐含价格，此时是一常数。此函数形式的缺点是无法表现边际效用递减规律。

②对数形式（Log-Log）

$$\ln P = \alpha 0 + \sum \alpha i L n C i + \sum \alpha j C j + \varepsilon$$

符号意义同上，自变量与因变量均以对数形式进入模型，其中 $C i$ 为连续性变量，$C j$ 为虚拟变量，连续变量的回归系数对应着特征的价格弹性。

③半对数形式

$$P = \alpha 0 + \sum \alpha i L n C i + \sum \alpha j C j + \varepsilon$$

符号意义同上，该函数自变量采用对数形式，因变量采用线性形式，回归系数对应的是产品中某一特征的总价格。

模型的选择会对计算结果产生很大的影响，为使结果更加准确，本书采用逐步回归评估的方法确定最终采用的模型。

2. 变量的选择

本书选择了各样本房屋的评估价格作为因变量，影响样本的各项属性为自变量。各因变量可分为三类，即房屋建筑结构、邻里特征、区位特征，结合所采集样本的实际情况选择了 14 个属性作为影响因子进入模型。如表4-3所示。

表4-3　　　　　　　　影响评估价格的主要变量

| 变量类别 | 所选解释变量 |
| --- | --- |
| 建筑结构 | 建筑面积、房龄、楼层、总楼层、朝向、装修 |
| 邻里特征 | 物业、文体、环境、配套、景观 |

| 变量类别 | 所选解释变量 |
|---|---|
| 区位特征 | 距公交站距离、公交站线路、轨道交通 |

（二）数据的获取与处理

1. 数据的来源

本研究所采用的数据来自市征收办提供的武汉市近年住宅类典型征收项目情况的调查。内容包括项目名称、位置、征收时点、征收量、征收面积、所参考类似房地产价格、周边商品房价格、评估价格等。数据信息真实、客观、及时地反映了征收项目周边房地产市场价格与被征收房屋价值的关系趋势。对数据进行初步整理，剔除不符合测算要求的，此次收集到的项目样本总量为952个，最终进入模型的样本为932个。

2. 数据的量化

（1）住宅价格年期修正。由于被调查样本的评估时间跨度较大，且房屋的时间价值极强，导致其评估价格间不具备可比性，故必须对各样本的成交价进行修正，调整至同一时点下的价格。因调查的住宅多为居民自住房屋，故报告中采用武汉市统计年鉴中的居民自住房屋价格指数计算出各年份对应房价折算系数，将各样本的评估价格统一至2015年。

（2）房屋特征变量的量化。报告研究的特征变量包含区位特征、建筑特征和邻里特征三个方面，共14个变量，分别采用实际数值、二元虚拟变量和分等级赋值的方法进行量化。其中楼龄、建筑面积、楼层和总楼层采用实际数值进行量化，朝向、物业和轨道交通采用二元虚拟变量，而装修、文体设施、环境、配套、景观、距公交站距离和公交站线路采用分等级赋值的方法进行量化，具体量化方法如表4-4所示：

表4-4　　　　　　　　　　　变量代码及量化指标

| 类别 | 变量名 | 变量代码 | 量化指标 |
|---|---|---|---|
| 建筑结构 | 楼龄 | $FL$ | 住宅的楼龄，年 |
| | 建筑面积 | $JZMJ$ | 住宅的建筑面积，m² |
| | 楼层 | $LC$ | 住宅所在楼层，层 |
| | 总楼层 | $ZLC$ | 住宅总楼层，层 |
| | 朝向 | $CX$ | 是否为南北朝向，虚拟变量，南北为1，非南北为0 |
| | 装修 | $ZX$ | 装修类型，分3类：无装修（0），简装（1），精装（2） |

续表

| 类别 | 变量名 | 变量代码 | 量化指标 |
|---|---|---|---|
| 邻里特征 | 物业 | WY | 是否有物业，虚拟变量，有（1），没有（0） |
| | 文体设施 | WT | 按照设施的数量，0个（0），1个（1），2个（2），3个（3） |
| | 环境 | HG | 按级别分等，差（0），一般（1），好（2） |
| | 配套 | PT | 按照配套的数量分等，分值在0—5分 |
| | 景观 | JG | 按照拥有景观的数量分等，0个（0），1个（1），2个（2） |
| 区位特征 | 距公交站 | JGJZD | 按照距公交站点的距离分等，分值在1—3 |
| | 公交站线路 | GJZXL | 按照线路的数量分等，分值在1—3 |
| | 轨道交通 | GDJT | 附近是否有轨道交通，虚拟变量，有（1），无（0） |

（三）模型分析

以房屋的评估价格为因变量，表4-4中的14个变量为自变量，代入线性、对数、半对数3种形式模型，分别使用 EVIEWS 软件进行逐步回归测算，经检验综合比较，回归效果最好的模型是对数模型，最终进入该模型的变量有9个，分别为房龄、公交站线路、环境、距公交站距离、景观、建筑面积、轨道交通、文体设施和总楼层。各变量的回归系数及回归效果分别见表4-5、表4-6。

表4-5　　　　　　　　　　各变量偏回归系数

| 模型 | 自变量 | 偏回归系数 | 标准误 | $t$ 值 | $t$ 检验水平 |
|---|---|---|---|---|---|
| 对数模型 | 房龄 | −613.981 | 150.442 | −4.081 | 0.0000 |
| | 公交站线路 | 1947.080 | 189.246 | 10.288 | 0.0001 |
| | 环境 | 334.594 | 164.072 | 2.039 | 0.0419 |
| | 距公交站距离 | 1923.773 | 157.734 | 12.196 | 0.0000 |
| | 景观 | 481.652 | 141.926 | 3.393 | 0.0007 |
| | 建筑面积 | −584.708 | 109.910 | −5.319 | 0.0000 |
| | 轨道交通 | 411.248 | 109.786 | 3.745 | 0.0002 |
| | 文体设施 | −559.893 | 60.382 | −9.280 | 0.0000 |
| | 总楼层 | 435.521 | 121.053 | 3.597 | 0.0003 |

表4-6　　　　　　　　　　模型的回归效果

| 模型 | $R^2$ | 调整的 $R^2$ | $F$ 值 | $F$ 检验水平 |
|---|---|---|---|---|
| 对数模型 | 0.7225 | 0.7160 | 110.9751 | 0.0000 |

通过逐步回归模型计算，变量房龄、公交站线路、环境、距公交站距离、景观、建筑面积、轨道交通、文体设施和总楼层的 $P$ 值小于 0.05，在 95% 置信区间内是可信的，楼层、配套、物业和装修等变量的 $P$ 值大于 0.05，在 Hedonic 模型中予以剔除。因此，在武汉市被征收房屋评估价格影响因素模型如下式所示：

$$P = 8699.331 - 613.981\log(FL) + 1947.080\log(GJZXL) +$$

$$334.594\log(HG) + 1923.773\log(JGJZD) + 481.652\log(JG) -$$

$$584.708\log(JZMJ) + 411.248(VGDJT) - 559.893\log(WT) +$$

$$435.521\log(ZLC)$$

其中　$P$——评估价格；

常数项——8699.331；

$\log(FL)$——房龄取对数；

$\log(GJZXL)$——公交站线路取对数；

$\log(HG)$——环境取对数；

$\log(JGJZD)$——距公交站距离取对数；

$\log(JG)$——景观取对数；

$\log(JZMJ)$——建筑面积取对数；

$VGDJT$——对轨道交通进行虚拟变换；

$\log(WT)$——文体设施取对数；

$\log(ZLC)$——总楼层取对数。

从表 4-5 及公式中可以看出公交站线路、环境、距公交站距离、景观、轨道交通、总楼层等变量对评估价格 $P$ 的影响为正值；房龄、建筑面积和文体设施对评估价格 $P$ 的影响为负值；公交站线路、距公交站距离、轨道交通等变量的影响较为显著；环境、总楼层等变量的影响较不显著。

调整后的 $R^2$ 为 0.716，比较显著，说明该回归方程能较好地解释武汉市被征收房屋评估价格影响因素；$F$ 统计量为 110.9751，$F$ 检验水平为 0.0000。可以看出进入模型的全部自变量对因变量的影响是极其显著的，调整后的 $R^2$ 为 0.716，说明模型的拟合度为 71.6%。

（四）结论与启示

报告基于武汉市 939 个被征收房屋样本数据，采用 Hedonic 模型法计算了房屋结构、邻里特征、区位条件共 14 个特征价格变量对于评估价格的影响情况，得到距交通站距离、公交站线路、轨道交通等区位条件对于房屋评估价格的影响最大且非常显著。

模型结果说明区位条件是影响被征收房屋补偿水平的重要影响因素。在制定补偿政策的时候要充分考虑区位条件，因地制宜。

# 第五章　基于禀赋效应的受偿意愿模型假设

市价补偿的不完全性从价值组成上看主要在于对主观价值的忽视和对资产增值权利的剥夺。对主观价值和资产增值权利的难以度量，成为征收人将其排除在补偿之外的理由（Knetsch，Borcherding，1979；Merrill，2002）。本书从人格财产的禀赋效应来论证住宅的受偿意愿为何大于其市场价值，进而尝试采用福利经济学理论框架和阿马蒂亚·森可行能力理论将主观价值与资产增值预期纳入考察范围。

## 第一节　人格财产的禀赋效应

### 一　具有人格利益的财产

传统的财产与侵权法理论一般不承认财产中的人格利益。因为西方哲学的"主体—客体"（"人—物"）认知模式下，人格与财产分别属于主体与客体的范畴，导致了"人格"与"财产"之间的对抗。但是，近年来，国内外的立法和司法实践开始逐渐关注财产中的人格利益并予以保护（易继明、周琼，2008）。

财产与人格之间具有千丝万缕的联系。一方面，财产须为人类所能支配，因此需与特定的人建立联系。这种联系是财产中人格利益存在的前提。另一方面，"人只有通过与外在物建立财产权关系，才能成为真正的自我"（Radin，1981）。财产也是人的自我存在与认同的价值体现。财产具有对人类精神世界和自我建构的作用。Radin指出："人格财产是将自我构建成在这个世界上继续存在下去的人的实体的必要依据。"

什么是人格财产？如何判断人格财产？Radin认为，"如果一项财物的损失所造成的痛苦不能通过财物的替代得到减轻，那么这项财物就与某人的人格密切相关。如果这样的话，特别的财物对于其持有者就关系密切"。"人格财产"和"可替代财产"相对应。"可替代财产"是完全可以用另一等值的其他财产替代的财产。但有一些特定的财产与人格密切相关,无法用任何替代物来代替,比如婚戒、传家宝和家宅等,这样的财产为"人格财产"。易继明、周琼(2008)认为财产与人格的关系来源于两方面:一是本身是"身外之物"的内化,即象征人格或寄托情感;二是本身是人身的东西的外化,即财产直接来源于人的身体或智慧。他们进而提出可以通过四方面判断财产的人格利益:第一,人拥有财产的目的和用途是什么;第二,某一财产取自何处,获得的难易程度;第三,某一主体与特定财产之间联系时间的长短;第四,物以稀为贵。

住宅就是一种典型的人格财产。住宅是家庭成员及家庭生活的承载体,它的意义远超过物理意义上的建筑物。住宅让人联想起家庭、安全、私密、邻里交往(Barros,2006)。正因为住宅与"主体"之间有着千丝万缕的联系,因此"主体"会对住宅产生特殊情感:比如住宅的装修布置凝结着他们多年的劳动和智慧;住宅承载着重要的回忆,包括出生、生日、婚礼等里程碑,还有平凡却依旧重要的日常生活的记忆;住宅的位置方便与朋友和家人的交流(Fee,2006);多年的邻里关系产生的社会资本(Putnam,2000);住宅的样式和装修布置是主人个性的彰显(Fee);提供维系和展现个人与群体认同感的能力(Radin,1983;Paul,1991)。在房主看来凝结着以上情感的住宅是无法通过另一等值的住宅所替代的。因此,中国民间有句谚语"金屋银屋不如自己的草屋"。

## 二　禀赋效应的形成

20世纪70年代以来,西方经济学中反新古典阵营中涌现一股反思理性的思潮,并逐渐引起了经济学界的广泛关注。1976年西蒙获得诺贝尔经济学奖可以看作这场思潮涌动的标志。西蒙提出的"有限理性"假设直接推动了行为经济学的发展。许多具有探索精神的经济学家和心理学家开始联手研究经济行为的发生机制,并试图建立经济行为的心理基础。心理学家Kahneman和经济学家Tversky发表了一系列令人震撼的研究成果,通过吸收实验心理学和认知心理学等领域的最新进展,他们以效用函数再造为核心,把心理学和经济学有机结合起来,彻底改变了西方主流经济学(特别是新古典经济学)中的个体选择模型,并激发了其他行为经济学家把相关研究领域拓展到经济学各个分支,从而形成真正意义上的"行为经济学"（刘凤良、周业安等，2008）。

　　行为经济学对关于财产的人格利益进行了主观价值形成的解释。

　　传统的期望效用（Expected Utility）理论假定人们以理性的方式作出决策，并且按照标准的概率统计原理和理性偏好（rational preference）假定来处理信息，以此评价决策状态及人们选择行为带来的影响。期望效用理论的模型表达是：假定对财富 $w$ 存在一个实际价值函数 $u$，如果行动 $a$ 使出现不同 $w_i$ 的概率为 $p_i$，行动 $b$ 使出现不同 $w_i$ 的概率为 $q_i$，那么当满足下列条件时决策者选择 a 行动而不选择 b 行动：

$$\sum p_i u(w_i) > \sum q_i u(w_i)$$

　　1979 年，Kahneman 和 Tversky 发表了他们最有代表性的著作《前景理论：风险情况下的决策分析》（Prospect Theory: An analysis of Decision under Risk）。传统的期望效用理论是通过理性偏好的公理来演绎出推论，而前景理论采用了从实验观察进行描述和归纳的方法。

　　根据前景理论，在人们的选择过程中存在两个阶段：初始描绘和刻画阶段，随后是评价阶段。在决策的描绘和刻画阶段，人们会运用各种各样的编辑方式来简化问题，合并事件或结果，并去掉那些共同的部分，等等。在这一阶段，决策者将各种可能的决策结果编辑为相对于一个参照点（reference point）来说的获得（gains）或者损失（losses）。理性选择要求人们的偏好不应该随着人们对实物的不同描绘和刻画而改变。然而，由于人类认知和推理的非完美性，人们的实际行为常常违背这一理性的假设。

　　前景理论规定了两个函数的存在，即关于权重的函数 $\pi$ 和关于效用的函数 $v$。当满足下列条件时，决策者选择 a 行动，不选择 b 行动：

$$\sum \pi(p_i) v(\Delta w_i) > \sum \pi(q_i) v(\Delta w_i)$$

　　其中关于效用的评价与 $\Delta w_i$ 有关。$\Delta w_i$ 是相对一个参考水平 $w_0$ 偏离值，$\Delta w_i = w_i - w_0$。

　　在评价阶段，Tveksky 和 Kahneman 提出了一个如图 5-1 所示的价值函数（value functions）来测量相对于参照点的赢得和损失的主观评价。

　　由图 5-1 可见，第一，在期望理论中，决策者感兴趣的不是财富的最终价值而是财富相对于某一参照点的变化 $\Delta w_i$。超过参照点的视为赢利，低于的视为亏损。第二，在参考点附近，损失比收益更陡峭。Kahneman 和 Tversky 把这称为损失厌恶（lose aversion），即人们对损失一笔财

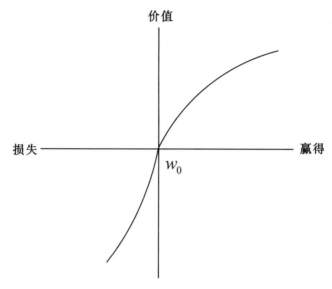

**图 5-1　典型价值函数模型**

资料来源: Tversky, A., Kahneman, D., "Loss aversion in riskless choice: A reference-dependent model", *The Quarterly Journal of Economics*, 1991, 4: 1039。

富所带来的痛苦或不快通常要比获得一笔财富带来的快乐要大。换句话说，人们对现有的东西更加偏爱，害怕失去。具体来说，在决策中，人们关注的不是财富的最终价值，而是财富相对于某一参照点的变化，这个参照点是个人的现有禀赋。超过参照点的视为盈利，低于参照点的视为亏损，并且在已有消费基础上承受损失的厌恶远远胜于从增加的新消费品中所得到的快感。

许多学者曾经对这种损失厌恶现象进行过实证研究。Banford（1979）的渔船码头邮政服务意愿价格调查，Brookshire（1980）麋鹿狩猎意愿价格调查，Brookshire 和 Coursey（1987）公园树木意愿价格调查……无数的经验和实证研究表明：与得到某物品所需要支付的金钱（Willingness to Pay，以下用 WTP 表示）相比，个体出让该物品所要求得到的金钱（Willingness to Accept，以下用 WTA 表示）通常更多。Thaler（1980）把这种现象定义为禀赋效应。禀赋效应有悖于科斯定理关于给定收入效应下资源配置与产权安排无关的论述（Kahneman, Knetsch, Thaler, 1990）。

因为行为经济学的出现，实践中的一些"非理性"行为得到注解。比如，人们对获得一单位公共物品的最大 WTP 总是小于失去一单位相同物品的最小 WTA，这显然有悖于科斯定理关于给定收入效应下资源配置与产权安排无关的论述；在金融领域，投资者对股票的处置是反常的，在股价下跌时投资者持有股票的时间长于股价上涨时持有股票的时间。这些现象都是由于当商品成为个人禀赋的一部分时，人们赋予损失的权重比等量收益大所造成。再比如，在雇佣关系中，并不是给员工的酬劳越多员工的满意度越高，员工满意度还和组织中人际关系、分配制度等方面相关。

　　禀赋效应的强弱与物品性质和持有时间相关有关。Horowit 和 McConnell（2002）通过实验发现 WTA/WTP 最高的是公共物品、非市场物品，其次是安全与健康，再次是普通私人物品，最低的是实验用的代金券。这一结论揭示了不可替代性对禀赋效应的影响：越是不可替代的物品，主观价值越高，禀赋效应越强。如图 5-2 所示，货币和待售商品完全可以被替代，因此如果丢失，可以用市场价值作为赔偿，WTA/WTP 等于 1；普通私人物品因为长久的使用或满足了主人的特殊喜好，因此受偿意愿会高于当时购买的价格；对于结婚戒指、家宅而言，被赋予强烈的主观价值，是典型的人格财产，不具有可替代性，因此禀赋效应非常之高。

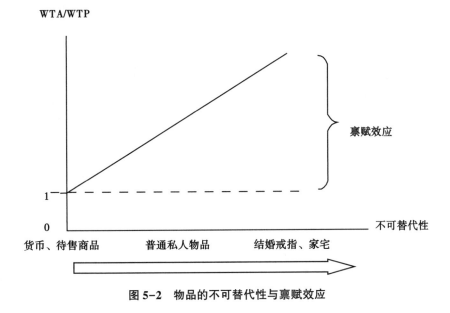

图 5-2　物品的不可替代性与禀赋效应

　　所谓日久生情，禀赋效应表现的对所拥有的物品形成情感上的依赖与拥有时间成相关（Strahilevitz, Loewenstein, 1998）。假设对物品的偏好、物品本身的价值既定，行为主体拥有某物品的时间越长，越有感情，那么对它的评价越高；拥有时间越短，感情越少，对它的评价就越低。

住宅作为典型的人格财产，具有不可替代性。世界上没有两套完全相同的房屋。两套价格相等的房子，对于被征收人来说不一定具有相等的价值。并且由于常年居住所产生的对物和对人的情感依附，或因为独特的区位优势形成的固有生活工作圈，或因为装修布置曾经付出的智慧和劳动……所有这些都会成为住宅所有人对住宅主观价值构成的一部分，它是同等市场价值的其他住宅所不可替代的。Knetsch、Borcherding（1979）用红酒与房地产对比，说明了房地产作为一种特殊商品，在市场上不可能购买到完全相同的替代品，以取代原先物品给所有者带来的效用。他假设政府因为某种原因征收了一瓶不列颠哥伦比亚酒，并以市场价格补偿给了酒的主人，除了造成一些琐碎和不便之外，没有造成福利的损失。但是房屋的价格取决于区域、面积、风格、户型、邻里关系等特征以及消费者对这些特征组合的偏好，在市场上不可能购买到完全相同的房屋，以取代原先房屋给所有者带来的效用。因此，在房屋征收过程中，被征收人是不愿意以市场价格的补偿来出让住宅的所有权的。他们对住宅的主观价值大大超过了市场价值，否则所有者早已在市场上出售该住宅了。

可见，征收者和住宅所有权人对被征收住宅存在不同的价值评价体系。对于征收者而言，住宅是可以用货币计价和任意替换的物品；对于住宅所有权人而言，特别是长年居住在旧城住宅的所有权人而言，住宅会被赋予远高于市场价格的主观价值，他们的 WTA 远高于 WTA。对同一住宅，两种评价体系的并存，造成住宅征收冲突的可能性。

## 第二节　住宅作为人格财产的多维效用

### 一　特征价格理论的启示

（一）特征价格理论

禀赋效应来源于物品主人长时间持有该物品所产生远高于市场平均水平的效用。效用不但可以通过大自然的赐予获得，而且人们的主观感觉也是效用的一个源泉。只要某种欲望或需要得到满足，人们就相应获得某种效用。如何对效用进行测量？特征价格理论给了我们启示。

特征价格模型（hedonic price model）是一种处理异质产品差异特征与产品价格间关系经常采用的模型，"hedonic"源于希腊文"hedonikos"一词，简单地说就是"快乐"的意思。在经济学的背景下，"hedonic"指的是消费产品或服务而得到的效用或者满足。由此可见，特征价格模型有两个前提：第一，商品的异质性；第二，市场均衡。

特征价格模型认为对产品的需求并不是基于产品本身，而是基于产品所内含的特征，这一系列的特征结合在一起形成影响效用的特征包，商品是作为内在特征的集合来出售的。家庭购买和使用这些商品，把它们转化为效用，效用水平的高低取决于商品所包含的各种特征的数量和质量（Lancaster，1966）。因此传统的经济模型难以分析，因为它们不能仅仅由一个价格来表征，而应该采用一系列价格来对应产品所包含的特征，我们把它称为特征价格。特征价格取决于市场均衡条件下，消费者愿意为各个特征支付的价格。

Ladd 和 Suvannunt（1976）在特征价格理论领域内建立消费商品特征模型（consumer goods characteristic model，CGCM）。他们把商品看成各种特征属性的集合，不同商品拥有不同种类、不同数量及不同性质的特征属性。CGCM 模型认为商品是因为有效用才有需求，而效用又取决于商品的特征，消费者所获取的效用取决于其所购买的商品特征总量。市场均衡的前提下，某种商品的特征价格函数为：

$$P(Z) = P(Z_l, \ Z_2, \ \cdots, \ Z_n)$$

其中，$Z_i$ 表示住宅的某种特征。函数形式有线性、平方、指数、对数、半对数及 Box-Cox 转换等多种形式。

该模型证明了两个假设条件：第一，任何一种消费品，消费者支付的价格既等于产品特征的边际货币价值总和，又等于产品的特征价格，即每一特征属性的边际货币价值等于消费每一单位商品所获得的特征数量与特征的隐含价格的乘积。第二，消费者的消费需求受到商品特征数量的影响，对商品的需求是收入、商品价格和商品特征的函数。

在过去的 30 多年里，特征价格分析从一种新理论，快速发展为一种成熟的研究异质产品价格的技术和方法，并得到了广泛的应用，特别是在汽车业和房地产业。在房地产领域，此模型为因征收财产税需要进行大规模的批量化的评估提供了工具，同时也成为构成房地产价格中非市场物品（比如资源与环境）的主要评价方法之一。

温海珍（2004），王德、黄万枢（2005）总结了国内外运用特征价值法评估房地产价值所涉及的变量：

表 5-1　　　　　　　　Hedonic 住宅价格法常用的解释变量①

| 变量类别 | 常用解释变量 |
| --- | --- |
| 区位 | 到城市中心、公交站点、购物中心等的距离 |
| 建筑结构 | 建筑面积、建筑年龄、建筑质量、楼层、总层数、朝向、卧室个数、卫生间个数等 |
| 邻里环境 | 学校质量、服务设施规模与距离、道路等级、景观视线（如海景、公园）、噪声、污染水平、居民素质等 |

### （二）启示

在特征价格理论的启发下，本书认为被征收人对住宅的受偿意愿价格由被征收住宅的效用价值决定，在特征价格模型中效用价值是由被征收住宅的各类特征价格。房屋的物质特征是影响房屋价格的重要因素。

但是，某类特征的价格是由市场均衡下的供需所决定，反映的是市场平均水平，而每个个体是有差别的，所以住宅的某类特征对个体所带来的欲望的满足程度也是有差别的。被征收人对住宅的受偿意愿价格属于主观价格，因此物质特征属性的解释力是有限的。

如何将住宅的物质特征与被征收人的个人特征相结合去解释受偿意愿价格，是解决受偿价格影响因素模型的第一步。本书尝试找出一条能融合客观价值与主观价值，物质特征与个人特征的创新之路。

## 二　可行能力理论的启示

### （一）可行能力理论

阿马蒂亚·森将物质特性与个人特性相结合，发展出了可行能力理论，弥补了传统福利经济学中只关注物，不关注人的缺陷。

在传统的福利经济学中无论是帕累托标准还是卡尔多补偿检验，并不进行人际效用比较，而是以作为效率为判断的唯一标准，结果出现了各种不一致性。效率和分配之间是什么关系、它们是否可以有一定的替代？针

---

① 根据王德、黄万枢：《Hedonic 住宅价格法及其应用》，《城市规划》2005 年第 3 期与温海珍《城市住宅的特征价格：理论分析与实证研究》，博士学位论文，浙江大学，2004 年整理。

对新福利经济学存在的进一步发展和应用的障碍，森指出，"福利经济学被限定在这样的小盒子中，帕累托最优是唯一的判断标准，追求自我的行为是经济选择的唯一基础，因而，福利经济学中可供讨论的有趣东西的范围便变得非常之小了。"①

阿马蒂亚·森在亚里士多德、斯密、马克思和罗尔斯等人的思想基础上，明确提出用功能、能力与自由等概念来考察人们的福利进而考察不平等状况，他认为个人的福利不仅由他所拥有的财富、基本物品或资源所产生的效用来决定，而且取决于他所能实现的功能性活动（functions）。他的研究导致了福利经济学议题的转变。

"功能性活动"被森用来代替经济学中狭隘的福利或成就概念。他认为："一个人的福利可以根据他的生存质量来考察。可以把生活看成是一组相互联系的功能性活动构成，即由各种状态和活动所构成。从这方面来看，可以把一个人的成就看作他的功能性活动向量。"②功能性活动有着远远超出效用、商品和收入评价视野的更丰富的内容，它反映了一个人认为值得去做或达到的多种多样的事情或状态。不仅包括最为基本的吃穿住行、健康等，还包括更高级的活动和状态，如拥有自尊、良好的人际关系、参加社区活动，等等。

与"功能性活动"紧密相连的概念是"可行能力"。"可行能力反映一个人可以实现的可选择的功能性活动的组合。因此是一种自由，是实现各种可能的功能性活动组合的实质自由。"③ 也就是说"可行能力方法"一方面指所选择或实现的实际"功能性活动组合"，有功能性活动实现之意；另一方面它还有机会、自由和选择的意思，由对某人而言可行的，列入清单的各种功能性活动组合而成，即"可行能力集"，既考虑了人际的差异，又考虑了个人选择的自由度，弥补了福利测量只关注"物"而不关注"人"的缺陷，这是与福利经济学最大的区别。

森将自由作为理论框架，提出"经济增长本身不能理所当然地被看

① Sen, Amartya K., *On Ethics and Economics*. Wiley, 1987a, 34。

② Amartya Sen, *Inequality Reexamined*, New York：Russell Sage Foundation；Cambridge, MA：Harvard University Press, 1992. 39.

③ ［印］阿马蒂亚·森：《以自由看待发展》，中国人民大学出版社2011年版，第62页。

作就是目标。发展必须更加关注使我们生活得更充实和拥有更多的自由"①。自由是发展的手段和目的，即是人们价值标准与发展目标中自身固有的组成部分，同时也起到手段性作用。

本书试图用图示总结森的观点：

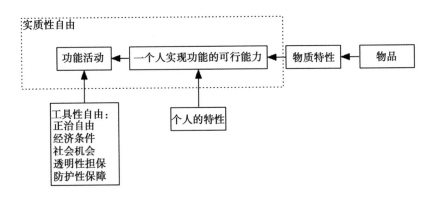

**图5-3　森的可行能力方法及自由②**

实质性自由是价值链条的终端。森认为，以人为中心最高的价值标准就是自由。实质性的自由即享受人们有理由珍视的那种生活的可行能力。链条上有三个重要环节。首先，市场商品首先转化为更加基本的中间物品，如卡路里、蛋白质这样的营养物质，某些经济学家把这些东西称为"特性"。其次，这些"特性"影响着一个人进行功能活动的可行能力。能力就是一种自由：能过有价值的生活的实质自由。它是一个活动清单，意味着个人享有的"机会"。可行能力除了受到物质特性的影响之外，还受到个人特性的影响，如个人的健康状况、家庭状况等。最后，从可行能力到功能活动，期间涉及个人选择的"过程"，作为工具性的自由为保证人们按照自己的意愿过有价值的生活起到手段性作用。

瑞典皇家科学院的公告说："森结合经济学和哲学的工具，在重大经济学问题讨论中重建了伦理层面。"另一位诺贝尔经济学奖获得者索罗把森称作"经济学的良心"。从此，如个人权利、自由、平等、正义等的研究，逐渐成为西方福利经济学发展中的重要部分。

---

①　[印] 阿马蒂亚·森：《以自由看待发展》，中国人民大学出版社2011年版，第18页。

②　根据《以自由看待发展》主要内容整理。

（二）启示

福利经济学是传统研究征收补偿的理论基础（Michelman，1967；Blume，Rubinfeld，1984；Hermalin，1995）。相关学者认为征收行为的主要目标是社会效用最大化或者说是效率最大化，因此只要被征收人得到完全补偿，征收行为就是值得支持的。但什么是完全补偿？从福利经济学角度看，完全补偿是以征收前后被征收人福利不变为准则。那么被征收引起的个人福利损失该如何测量呢？从第四章分析可知，国际通行的市价补偿并不是完全补偿，因为完全补偿不仅是客观市场价格的补偿，还涉及一系列的主观价值。补偿如何"以人为本"？森的可行能力理论为被征收人意愿补偿价格的形成提供了启示。

根据森的可行能力方法，个人福利不仅由物质效用所决定，还取决于他所能实现的功能及实现功能的能力集合，同时考虑了个人特性及外部环境（森称为工具性自由）的影响。弥补了福利测量只关注"物"而不关注"人"。因此，对被征收人的福利损失应该用他/她所损失的功能活动来衡量，而功能活动由房屋的物质特征、个人特性和外部环境所决定。

根据以上理论分析，作为意愿的受偿价格（WTA）是基于房屋所承载的各类功能对被征收人所能带来效用的价值的综合。该效用反映了某个人的可行能力。可行能力很难量化，但是可以从其主观心理角度对房屋所承载的功能进行评价。因此，本书尝试使用被征收人对住宅所能承载功能的满意度作为解释变量，探究物质特征与个人特性共同作用下的可行能力对受偿价格的影响。理论模型见图5-4。

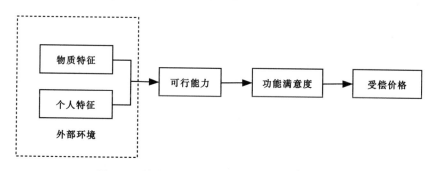

**图5-4　住宅作为人格财产的受偿意愿理论模型**

# 第三节　研究模型与假设

## 一　住宅的功能维度假设及测量

作为住宅所有者和使用者的被征收人对住宅的估价是从效用价值角度进行的，即该住宅给他/她带来的欲望的满足，或者说是对住宅所承担功能期望的满足。对于居住满意度研究中关于测量指标的整理，可以为住宅功能维度的构建奠定基础。

关于居住满意度的研究，并不是一个新课题。以"居住满意度"作为关键词的文献从20世纪60年代就开始出现了，直到90年代相关文献都致力于考察全方位的主客观因素对居住满意度的影响，特别是关于弱势群体的居住满意度问题。

本书选取了4篇具有典型意义的文献，将测量指标进行整理罗列（见表5-2）。

表5-2　　　　　　　　低收入阶层居住满意度研究文献的指标

| 文献 | Amerigo & Aragones（1990） | Amerigo & Aragones（1997） | Liu（1999） | Mohit，Ibrahim，& Rashid（2010） |
|---|---|---|---|---|
| 测量指标 | 邻里关系<br>居住安全<br>房屋基础设施<br>周边基础设施<br>衰败<br>城市活动与噪声<br>绿地<br>其他 | 邻里关系<br>房屋质量<br>社区安全<br>房屋舒适感 | 社交需要<br>安全<br>建筑附属设施<br>娱乐休闲设施<br>建筑美感<br>区位<br>空间利用<br>健康<br>其他 | 房屋特征<br>房屋设施<br>公共设施<br>社会环境<br>社区设施 |

综合以上国外文献中关于低收入阶层居住满意度研究测量指标可以发现，对居住满意度的测量涉及生理、心理、经济、社会等多个维度。从生理维度看，包括舒适感、健康、安全；从经济维度看，主要涉及房屋特征、生活配套设施的便利性；从心理维度看，包括心理的舒适性、安全感、美感、文化娱乐设施配套；从社会维度看，包括社交、邻里关系。根据马斯洛的需求层次理论，这几个维度反映了由低到高的不同需求层次。最低层次是生理维度，是人们在居住方面最原始、最基本的需要，如屋子

能遮风挡雨，能提供生活的空间，能保障安全卫生。最高层次是社会维度，是人们在社区的认同感、归属感、邻里友情的需要、被尊重的需要（见图5-5）。

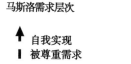

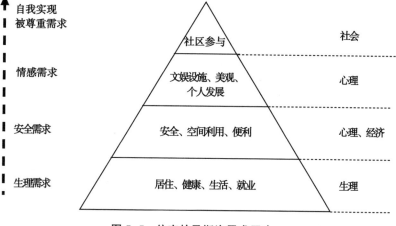

**图5-5　住宅的马斯洛需求层次**

这四个维度的不同指标，按照功能的载体不同，又可以分成居住功能、生活配套功能、发展功能、休憩功能、社区情感依附功能。此外，由于住宅作为不动产的消费与投资双重性，本书认为住宅还具有资产功能，是家庭资产的重要组成部分。

（一）居住功能

住宅的居住功能首先是能遮风挡雨，满足人最基本的生活需要。随着需求层次的逐步提高，住宅的朝向、通风、隔热能否保证健康、安全、舒适，住宅的水电气设施是否齐全，住宅的户型结构是否适用于家庭人口结构也成为影响居住功能满意度的要素。建于20世纪七八十年代的住宅，往往因为容积率低、采光好、层高高、户型方正而具有现代高层住宅所不具备的居住舒适性，并且老人因行动不便偏爱居住低楼层房屋。本书用"面积的合适性""户型的通透性""结构的稳定性"作为测量居住功能的指标。

（二）生活配套功能

住宅周边的医疗条件、商业配套、交通便利性是决定这个区域生活品质的重要因素。需要被改造的旧城住宅往往因为处在发展成熟的城市中心地段，而具备良好的医疗配套、充足的商业配套和便利的公共交通，成为被征收人不愿意离开的原因。本书用"买菜方便""就医方便""离商业中心近"作为测量生活配套功能的指标。

（三）发展功能

良好的就业机会和教育条件可以保证个人充分参与经济建设和社会发展进程，分享经济增长成果，持久改善其处境。学区房的价格往往会高于周边普通商品房价格的20%—30%就足以说明住宅所在区位的教育条件对住宅价值的影响。在以往的拆迁中，不愿意离开所在学区是拒绝拆迁的原因之一。在《新条例》颁布后，许多地市在《国有土地上房屋征收补偿实施办法》中对征收后保留孩子的学籍做了相关规定。在就业方面，能具有较短的通勤距离可以节约时间成本和通勤成本、减少交通堵塞和汽车尾气污染；居住区域周边较多的就业机会可以为居住者提供更多的就业选择。本书用"就业机会多""入托求学方便""教育配套好"作为测量指标。

（四）休憩功能

环境的宜居性是选择住宅的另一大指标。休憩功能是指社区环境和周边环境两方面带来的舒适与宜人性。由于环境会对房地产带来外部性效应，因此宜人的环境会给住宅带来溢价。国内外许多学者都在从事环境的外部性效应评价的工作，其中以使用特征值法和支付意愿法评估环境价值居多。本书用"绿化环境好""空气清新""有散步休憩空间"作为测量指标。

（五）社区情感依附功能

俗话说，远亲不如近邻。社区情感、邻里关系从社会学角度解释了居住满意度。社区情感是影响居住满意度的关键指标（Basolo，Strong，2002）。Amerigo、Aragones（1990）甚至认为对社区感情的依恋和对邻居之间的关系是最能解释公屋居住满意度的变量。因为它是联系社会群体、维护社会稳定的关系纽带。人是社会性的动物，人对一个地方的人群产生交流就会对该地方产生情感依恋。社区情感是一种成员所拥有的归属感，一种成员彼此间及与整个群体休戚相关的感情，以及对成员的需求将通过他们对共同生活的认同而得到满足的共同信念。[①] 社区情感包括以下基本情感：社区认同感、归属感、熟知感、信任感、安全感、荣誉感、亲密感、依恋感等，其中社区归属感是核心（单菁菁，2003，2008）。特别是在旧城老社区中，邻里之间彼此熟悉、交往频繁，在不经意间形成了浓郁的社区文化和强烈的社区认同感，从而形成一个社会资源共享的网络。社区因此在无形中承担了多种社会功能，如情感交流、互帮互助、安全监督、儿童社会化等功能（Jacobs，1961；白友涛、陈赟畅，2008；吴春，2010）。这些功能在现代社区因为建筑规划的形式、居民家庭背景的多样性而被削弱。

在已有的特征价格模型中并没有将社区情感这一非物质性的因素纳入价值考虑，本书所构建的受偿意愿模型将这一关键因素作为指标加以分析，具有重要的意义。本书采用"邻里熟识度""邻里间的交流""邻里互助""社区归属感"作为测量指标。

（六）资产功能

住宅资产作为一种实物资产已成为我国城镇居民家庭所拥有的最大项的资产类型。邹红、喻开志（2010）在对城镇居民家庭资产选择行为的研究中发现房产是中国城市家庭的主要资产，达到了家庭资产净值的59%。《中国家庭金融调查报告·2012》显示，中国家庭自有住宅持有率已达到89.68%。[②] 高比例的自有住宅的持有率和住宅资产占家庭资产比重说明住宅具有保值增值性，是一项优良资产。危旧房虽然在物质层面上不及新房，但是在城市中心的危旧房的资产功能却丝毫没有因为房屋本身的老旧而降低。本书采用"区域发展潜力""房价上涨预测""未来繁华度"作为测量指标。

根据以上关于住宅作为人格财产的受偿意愿理论框架和住宅功能维度的梳理，有如下假设：

假设 1：被征收人对住宅的功能满意度可分为居住、生活、配套、发展、休憩、社区情感依附和资产 6 类功能满意度因子，它们是功能满意度的二级潜变量。

---

① McMillan, D. W., George, D. M., "Sense of Community: A Definition and Theory", *Journal of Community Psychology*, 1986.

② 甘犁等：《中国家庭金融调查报告》，西南财经大学出版社 2012 年版，第 6 页。

假设 2：功能满意度对受偿意愿有正向影响关系。对住宅所承载的功能越满意，受偿意愿越高。

## 二　住宅的禀赋效应特点及假设

禀赋效应是否随时存在？Kahneman、Knetsch 和 Thaler（1990）注意到当物品被购买来专门为了转售而不是为自己使用时，不会有禀赋效应。住房研究中，Genesove 和 Mayer（2001）验证了这一点，不居住在他们的公寓里的房产投资者比一般住房所有者所表现的损失厌恶要少一些。

禀赋效应在多大程度上取决于当前禀赋，而不是过去的禀赋效应或参照点？Strahilevitz 和 Loewenstein（1998）发现被评估对象的估价不仅取决于某人是否当前已拥有该物品，而且还取决于其所拥有的整个历史——拥有时间为多久，从前是否被丢失过，多久前丢失的，以及在丢失前拥有了多久。这些"归属历史效应"（history of ownership effects）足够强到使那些长期拥有某物又刚刚丢失了它的人愿意出的购买价格高于刚刚获得此物的人。

住宅作为典型的人格财产，禀赋效应很强。因此在房屋征收过程中，会被赋予高于市场价值的主观价值。特别是用于自住的房屋，所有者表现的损失厌恶比用于投资的房屋所有者要高。另外，房屋的保有时间也会与损失厌恶成正比。由此，本书提出如下假设：

假设 3：用于自住的住宅比用于投资的住宅禀赋效应高，因此用于自住的住宅受偿意愿也比用于投资的住宅高。

假设 4：被征收人对住宅的持有时间越长，禀赋效应越高，因此持有时间越长的住宅受偿意愿也越高。

## 三　基于功能满意度的受偿意愿模型

将以上假设综合成基于功能满意度的受偿意愿模型，如下：

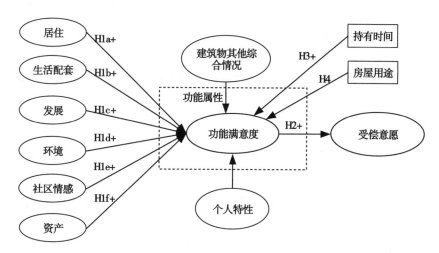

图 5-6　基于功能满意度的受偿意愿模型

# 第六章　基于公平偏好的受偿意愿模型改进

在第四章关于公平市场价值作为补偿依据的不完全性分析中，提出除了住宅主观价值和资产增值权利未纳入补偿考虑之外，补偿价格形成前提的公平缺失也是导致不完全补偿的因素之一。前两者的缺失对征收决策的影响可以通过功能满意度对受偿意愿的影响进行验证，那么公平前提的缺失会如何影响征收决策？在征收实践中，地方政府往往会用公平为代价换取征收效率。但是公平与效率是否真的相对立呢？行为经济学中的公平偏好理论，给了我们启示。

## 第一节　公共政策制定中的公平偏好

### 一　公平偏好理论概述

迄今为止，大部分经济理论和经济模型都建立在"经济人自利"假设的基础之上。根据这一假设，所有参与经济活动的人都只注重本人的利益。但是，很多著名的经济学家，如阿罗、萨缪尔森以及森等都曾经指出，在现实中，人们是有限自私自利的，常常也会关心他人的利益，关心物质利益的分配是否公平，这一点经济学不应该完全忽略。近年来，经济人自利假说更是受到越来越大的挑战，一些经济学家通过实验已经令人信服地证实了人们完全自私自利的假设并不能成立。由这些实验所获得的证据显示，人们的一些社会偏好（social preference），尤其是公平偏好（fairness preference）具有重要的经济学意义。在这里，社会偏好是指对他人利益的考虑以及对非物质利益的追求。在这些实验中，实验参与人表现出的公平偏好非常引人注目。

最后通牒是一种鉴别行为如何偏离自利动机的实验方式。在实验中，提议者拥有一定数量的货币（10 美元），并就这些货币提出一个在他与回应者之间的分配方案（实验对象是匿名的，并且不会看到彼此）。如果回应者接受该方案，那么他与提议者按该方案分别获得支付，并且博弈结束。如果他拒绝该方案，那么他与提议者都一无所获，并且博弈结束。在针对二十多个国家的研究中，大部分提议者的出价在总额的1/3到1/2之间，而回应者以约50%的概率拒绝了低于总额1/5的出价。如果一个回应者选择了拒绝，则说明他放弃了一定收益来惩罚那些对他不公平的人。对最后通牒博弈实验结果公认的解释是：参与者都有其默认的公平交易点，并且有要求受到公平待遇的偏好。最后通牒博弈实验显示了回应者对低于其公平交易点的要约的拒绝是一种"报复性回报"，即宁愿牺牲自身的利益去惩罚那些未公平对待他们的出价者（Güth et al.，1982；Camerer，Thaler，1995）。最后通牒博弈实验中的拒绝并不意味着参与者没有意识到标准博弈论中的最优策略，他们明白使自己经济利益最大化的策略是什么，只是他们宁愿牺牲经济利益来追求包括其他满意的理性（如尊重、公平、好名声，等等）。

根据梳理，本书认为关于公共政策方面的公平偏好理论可以分为三类：关于分配结果的公平偏好；关于意图对等的互惠公平；关于程序安排的公平偏好。

## 二 结果公平偏好

说到"公平"，首先想到的一定是分配结果的公平。心理学家亚当斯对公平问题进行过开创性研究。Adams（1963）将分配的公平分为横向比较与纵向比较两方面。所谓纵向比较就是把自己目前投入的努力与目前所获得报偿的比值，同自己过去投入的努力与过去所获报偿的比值进行比较，只有相等时他才认为公平。所谓横向的比较是人际间的比较，即一个人要将自己获得的"报偿"（包括金钱、工作安排以及获得的赏识等）与自己的"投入"（包括教育程度、所作努力、用于工作的时间、精力和其他无形损耗等）的比值与组织内其他人作社会比较，只有相等时他才认为公平。也就是说，个人必须在本人物质利益和分配结果公平之间进行仔细斟酌才能使个人效用最大化。由此，许多学者提出了不公平厌恶模型（inequity aversion）。

Charness 和 Rabin（2002）提出了一个简单的线性效用函数模型，模型认为，人们只在乎物质利益分配的结果，但是他们在意的并非仅仅是本人分到的物质利益。这一模型的特点是假设相关主体面临着自己利益和他人利益之间的权衡（trade off），也就是说，个人必须在本人物质利益和分配结果公平之间进行仔细斟酌才能使个人效用最大化。该模型假设，物质利益是在 A 和 B 两个人之间分配，并假设 B 的效用函数如下：

$UB(\prod A, \prod B) = a\prod A + (1-a)\prod B$，如果 $\prod A < \prod B$

$UB(\prod A, \prod B) = b\prod A + (1-b)\prod B$，如果 $\prod A > \prod B$

简化为下式：

$UB(\prod A, \prod B) = \prod B + a(\prod A - \prod B)$，如果 $\prod A < \prod B$

$UB(\prod A, \prod B) = \prod B + b(\prod A - \prod B)$，如果 $\prod A > \prod B$

这里 $\prod A$ 和 $\prod B$ 分别是 A 和 B 的收益。于是，B 的效用是本人收益和分配公平程度的加权平均，并且 B 所得大于 A 所得时的权重参数 a 与 B 所得小于 A 所得时的权重参数 b 是不同的。当 a 为正值时，就相当于一个"仁慈"系数，这个系数越大，说明 B 越不愿意接受 A 和 B 之间的分配不均，哪怕这样的分配有利于 B；如果 a 为负数，那么就相当于一个"贪婪"系数，表明 B 希望自己的收益大于 A 的收益，并且超过越多越好。同样的道理可以用来考察权重参数 b，当 b 为负值时，它相当于一个"嫉妒"系数，b 的绝对值越大，B 就越不能接受自己的收益比 A 少；当 b 为正值时，它是一个"大方"系数，b 的值越大，A 的收益给 B 带来的正效用就越大（即使 A 的收益大于 B 的收益），也就是说，对于 A 的收益比自己多，B 表现得越大度。

### 三　意图公平偏好

人们除了关心分配的结果之外，行为经济学家发现人们还关心产生这种结果的意图（intention）。Rabin（1993）认为，人们常常会对他人采取某种行为的意图做出反应。如果感觉他人对自己怀有善意，那么常常也愿意以善意回报他人；如果觉得他人想伤害自己，那么就会采取报复行为，即使需要付出代价。为了将行为意图纳入模型，Rabin 背离了传统的博弈论，而采用了 Geanakoplos、Pearce（1989）等人首先提出的"心理博弈论"（psychological game theory）概念。根据心理博弈论，效用不仅取决于最终节点的收益，而且还取决于局中人的信念（belief），相互之间的意图必须是对等、公正的，并由此建立了互惠公平（reciprocal fairness）模型。在该模型中，参与者的最优反应函数不仅取决于对方的战略选择，而且还取决于自己的二阶信念。参与者的主观期望效用函数取决于三个因素：他自己的策略选择、他的信念中对方的策略选择以及他的信念中对方关于他策略选择的信念。

该模型是两人模型，其中每个人的效用都依赖于信念。参与者 1 的策略（以 $a_1$ 表示）依赖于他对参与者 2 策略的信念（以 $b_2$ 表示），并且还依赖于他对参与者 2 关于参与者 1 策略的信念的信念（以 $c_1$ 表示）。

（一）参与者 1 对于参与者 2 的"善意"

$$f_1(a_1, b_2) = \frac{\pi_2(b_2, a_1) - \pi_2^{fair}(b_2)}{\pi_2^{max}(b_2) - \pi_2^{min}(b_2)}$$

参与者 1 对参与者 2 的善意是他自己的策略（$a_1$）以及他对参与者 2 策略的信念（$b_2$）的函数。令参与者 2 可获得的最高和最低支付分别为 $\pi_2^{max}(b_2)$ 和 $\pi_2^{min}(b_2)$，公平支付设为最高与最低之间的一个值 $\pi_2^{fair}(b_2)$。善意的程度用分数表达，其中分子为参与者 2 的实际支付相对于公平支付的高低状况，分母为参与者 1 可选择的向参与者 2 分配的支付范围。

（二）参与者 1 认为参与者 2 的善意是多少

这依赖于参与者 1 对参与者 2 关于参与者 1 策略的信念的信念（$c_1$），表达为下式：

$$f \sim_2(b_2, c_1) = \frac{\pi_1(c_1, b_2) - \pi_1^{fair}(c_1)}{\pi_1^{max}(c_1) - \pi_1^{min}(c_1)}$$

（三）参与者 1 的社会偏好可表达为一个由三项之和构成的效用函数

$$U_1(a_1, b_2, c_1) = \pi_1(a_1, b_2) + \alpha f \sim_2(b_2, c_1) + f \sim_2(b_2, c_1) f_1(a_1, b_2)$$

其中，第一项代表参与者 1 的直接货币支付。第二项表示参与者 1 是如何看待参与者 2 的善意的，并从中获得一定效用，其中 $a$ 表示把公平转换成货币效用的权重。第三项表示互惠的效用，它是参与者预期受到的善意与自身对他人善意的乘积的函数。如果参与者 1 的慷慨得到了参与者 2 的回报，那么该项为正，如果参与者 1 的恶意得到了参与者 2 的报复，那么此项也应该为正。

**四　程序公平偏好**

Thibaut 和 Walker（1975）使用模拟法律裁决，发现如果决策者（法官等权威）不给当事人发言的机会，这一程序不公平做法将大大降低当事人对判决结果的接受度。如果决策者愿意倾听，那么，当事人将更倾向于认为判决结果是公正的并加以接受，甚至在判决是不利于当事人利益的情况下也是如此。Lind 和 Tyler（1988）提出影响法律公平心理的两个要素：判决控制（decision control）和程序控制（process control）。前者指对判决结果的控制力，后者则指当事方在法庭上陈述有利于自己的证据和主张的机会的大小，即当事方在法庭上有多大的"发声权"（voice）问题。当事人即便没有判决控制的能力，发声权的存在也使当事人更愿意接受对他们不利的判决。社会心理学中程序公平理论的集大成者 Tayler 指出，程序公平与否对人们的行为具有影响的关键点是"如果人们觉得一个结果是通过一个公平的过程产生的，则无论结果如何，他们都更愿意接受"①。换言之，程序控制是接受分配结果的关键因素。当人们认为他们所承受的冲突解决或集体合作结果是以公平的程序产生的，即便在冲突解决或合作结果对他们个人不利的情况下，他们也倾向于认为这些结果是公平的从而是可以接受的。如果冲突解决或集体合作被认为是按不公平的程序进行的，那么，即便产生的结果对当事人是有利的，他们仍旧倾向于据此认为结果是不公平从而不可接受的。

Thibaut 和 Walker 之后的程序公平心理学研究朝着两个方面发展。一是确定除了"发声权"之外，还有哪些规则可以被认定为程序公平原则；二是把程序公平的心理学研究运用于法律之外的领域。

Leventhal 于 1980 年发表的两项研究提出除了发声权之外还有如下六个程序公平规则，构成了众多关于程序公平的社会心理学研究的基础（Lind，Tyler，1988）：

（1）一致性原则：程序规则应当始终如一地适用于所有相关者，适用于所有的时间段。在实践上，规则适用于所有相关者，使所有的相关方都相信他们在这个程序下具有同等的权利，并得到同样的待遇。适用于所有时间段要求程序在每一次使用时都必须遵循同样的规则，并以同样的方式予以实施。一致性规则的这个侧面要求程序的改变必须慎重，且让所有受其影响的人通晓。

---

① Tyler, T. R., "Introduction" in Tom Tyler ed. *Procedural Justice*, Vols I and II, Surrey, 2005, UK：Ashgate, xv–xxvii.

（2）克服偏见原则：两类偏见尤其需要克服，一是决策事项涉及决策者私人利益，二是决策者根据某种教条进行决策。前者涉及利益冲突者回避原则，后者要求以开放务实的姿态进行决策。

（3）信息准确原则：这个原则要求决策是建立在准确的信息和专业的观点上。反之，如果决策被视为是基于不准确的信息的话，则其程序就会被人认为是不公平的。如果决策过程让人感到是以全面准确的信息为基础的话，则人们对决策程序的公平感将显著提高。

（4）可纠错性原则：决策机制中如果含有纠错设置（如申诉），则其公平度将得到提高。这个程序公平原则的实现，需要其他程序公平规则的作用。申诉程序本身需要符合其他规则设定的标准。

（5）代表性原则：这个规则"要求决策过程的所有阶段。都必须反映受该决策过程影响的所有人群的主要构成次集团的基本利益、价值和观点"。这个规则覆盖了赛伯特和瓦克尔的判决控制和程序控制的基本思想。他们的"发声权"程序公平原则强调任何决策都应在机制上保证所有的重要的利益相关者的声音得到表达。

（6）伦理性原则：程序公平取决于决策过程在多大程度上符合人的伦理和道德标准。显然，当决策过程缺乏纠正、惩罚欺骗、贿赂、侵犯隐私和间谍等行为的机制，或者对之熟视无睹的话，则决策的公平性将大打折扣。

程序公平的社会心理学理论被广泛应用于公共政策研究。在公共政策方面，有比如警察权的研究（Sunshine，Tyler，2003；Wells，2007；Tankebe，2009），公共卫生政策的研究（Tsuchiya，Miguel，Edlin，etc.，2005；Thrasher，Besley，González，2010），税收遵从行为的研究等（Van Dijke，Verboon，2010，陈成文、张晶玉，2006）。

## 第二节　住宅征收中的公平感知

从以上公平偏好相关理论得到的启发是，在对商品的效用函数中除了承载功能所带来的效用外，还存在一种"社会效用"：人们有时候愿意"花费"一部分财富去惩罚那些伤害过他们的人，酬劳那些帮助过他们的人，或使结果更公平。那么被征收人是否也会因为一些社会性偏好而对征收意愿和受偿意愿产生影响。行为经济学为我们打开了另一扇研究征收受偿意愿的大门。

本书通过测量被征收人的公平感知，尝试探索公平偏好对房屋征收意愿与受偿意愿的影响。由于尚未有关于房屋征收公平感知的相关研究，因此拟通过国有土地上的房屋征收过程的梳理和制度分析进行，按照意图公平、程序公平和分配公平三个维度进行公平感知测量题项的设计。

## 一　住宅征收意图公平

根据第二章关于征收权使用前提的制度分析，我们发现，虽然"公共利益"被明确地规定为国有土地上房屋征收的前提，但是旧城改造是否构成公共利益，国内外均存在争议。事实上，政府之所以推动进行旧城改造，主要目的就是促进经济发展，提高容积率为城市提供更多发展空间。当然，旧城改造还能够改善城市面貌，在一定条件下改善居民的居住条件。正是因为旧城改造能导致如此多的利好，因而成为"公共利益"的需要。

但问题是，第一，改善居民的居住条件的强制性要求能被称为"公共利益"吗？如果贫民窟中的居民不愿意离开自己居住的房屋，如果他们认为破烂的房屋比政府提供的补偿更有价值，政府是否应该动用征收权强行展开改造。所以破败的旧城区是否应该被征收和改造，应该由受到贫民窟直接影响的居民决定。如果多数受影响的居民认为应当对贫民窟进行改造，则这样的改造就具备了法理上的正当性。

第二，在增长而进行的征收中，企业对被征收财产的使用首先都是为了自身营利，而非公众的利益，而公众也不能直接对该项目加以利用，公众的财产也不会因此增值，相反还可能因为工厂的建设导致的环境污染而贬值。此类项目唯一可能对公众福利造成正面影响的途径是，通过企业的经营使地区的经济发展，就业增加，政府的税收增长后，可以投入更多的财力到公共事务中。显然，公众只能从经济增长中间接受益。

第三，每一种对财产的合法的私有使用在给使用者带来利益的同时，都会附随地增加公共福利，如果将这种附随的公共福利的增加也看作"公共利益"，那么几乎所有的征收都可以被认为是合宪的。这将导致公共利益和私人利益的混淆，从而使"公共利益"这项限制失去实质作用。按照多数意见中提出的标准，政府可以为了一方私人的利益而将另一方私人的财产征收，这将使所有的私有财产都面临被征收的危险。

　　可见，旧城改造的公共利益之所以存在争议，在于对被征收人的改善意愿是否尊重，公共利益与私人利益相混淆。因此需要由利益被损害方——被征收者进行判断。美国采用召开听证会的方式，让被征收人参与到征收权使用的决策中。在我国，旧城改造中的被征收人只能就征收补偿方案进行听证。本书尝试从"是否促进城市经济发展""是否为城市提供更多发展空间""是否符合改善城市面貌""是否改善居民生活品质"四个题项，对旧城改造中被征收人的征收意图公平感知进行调查，并综合形成征收中的意图公平感知度。

　　根据互惠公平理论，被征收人会对征收人的意图做出反应：如果认为征收意图是善意的，被征收人也会善意地对待此次征收，如果认为征收意图不是善意的，被征收人就会采取不合作的报复行为。有学者通过实证研究或者博弈推导论证了政府征收意图会影响征收结果。Cypher、Forgey（2003）选取了美国239个人口密集城市过去10年的征收项目，针对它们的公平、效益与效率进行调查评价。调查的结论认为以经济发展为目的的征收确实增加了房地产税收、最小化诉讼引起的项目拖延，但是以经济发展为目的的征收项目会降低被调查者的公平感。Nadle、Diamond（2008）用情境实验法，观察不同征收背景下被征收人对征收事件的态度和补偿意愿对比。第一组实验是假设政府作为发起者，征收用途的公共利益性（以购物中心与医院作为对比，购物中心建设属于经济发展的需要，是非传统认知中的公共用途；医院属于传统认知中的公共用途）会影响征收者的态度，但对征收意愿或者受偿意愿没有影响；第二组实验假设开发商作为发起者，征收用途的公共利益性会影响征收者的态度以及征收意愿与受偿意愿。Krier、Serkin（2004）曾经提出非传统公共用途的征收，应该获得更高的补偿，因为原财产所有权人应该在未来的经济发展中分一杯羹。Nadle、Diamond认为他们的实验证明了，被征收者并不完全是因为未来发展潜力的原因而提高受偿意愿，可能是对道德侵害（dignity harm）的一种报复。

　　本书将会选取不同的征收用途项目进行问卷调查，试图证明Nadle、Diamond的推测的结论是正确的：传统认知的公共用途下被征收人的公平感知高于非传统，传统认知的公共用途下被征收人的受偿意愿比非传统的低，公平感知是影响受偿意愿的因素之一。

## 二 住宅征收分配公平

根据 Adams 的分配公平理论，我们认为在房屋征收补偿过程中，分配公平有两层含义，第一是征收前后被征收人的福利没有改变；第二是指补偿结果是禁得起被征收人之间比较的。前者是事件前后福利的公平，后者是人际比较的公平。

关于征收前后福利的公平性，主要由补偿金额的估算和安置办法所决定。以公开市场价值为补偿依据是否可以保证被征收人征收前后福利都不受影响？上文第三章已经从征收前后房屋价值构成这个理论层面进行了讨论，认为公开市场价值不足以补偿被征收人的福利损失。但是安置办法上，《新条例》提出必须提供就地或就近安置的要求，相当于保留了被征收人对被征收土地未来增值溢价的享有权以及降低了对被征收人工作学习生活地点的影响。下面我们就"评估结果是否值得信任""征收前后生活品质是否会得到提高"两个问题对被征收人在征收前后福利公平的感知进行调查。

关于征收结果，《新条例》提出"房屋征收部门应当将分户补偿情况在房屋征收范围内向被征收人公布的规定"，结果公开的要求为人际比较提供了条件。我们用"对被征收人是否一视同仁"这个问题进行测量。

## 三 住宅征收程序公平

我国的房屋征收补偿决策中，政府充当了运动员和裁判员的双重角色，既是征收的提出者又是征收的决策者，为确保公共权力的合法使用并对公共权力进行有效限制，程序设计显得尤为重要。《新条例》开宗明义的强调房屋征收与补偿应当遵循"决策民主、程序正当、结果公开"的原则。这是以往房屋拆迁管理条例所没有明确提出的精神，充分体现了对程序公平的要求。

"公民参与的广度与深度是公共利益能否被识别并得以实现的根本途径。一种程序的设计只有满足了公民参与的要求，才有正义性。公民参与权的剥夺或阙如，就是对公共政策程序正义的破坏"，公众参与在房屋征收中可以表现为表达权、知情权、选择权。通过新旧条例的对比可以发现，公众的表达权、知情权和选择权在房屋征收与补偿的各个环节的规定中得以体现。在征收决策阶段中"市、县级人民政府应当组织有关部门对征收补偿方案进行论证并予以公布，征求公众意见"；① 在征收方案制定阶段"因旧城区改建需要征收房屋，多数被征收人认为征收补偿方案不符合本条例规定的，市、县级人民政府应当组织由被征收人和公众代表参加的听证会，并根据听证会情况修改方案"；② 在征收范围确定阶段"房屋征收部门应当对房屋征收范围内房屋的权属、区位、用途、建筑面积等情况组织调查登记，被征收人应当予以配合。调查结果应当在房屋征收范围内向被征收人公布"；③ 在评估阶段"房地产价格评估机构由被征收人协商选定；协商不成的，通过多数决定、随机选定等方式确定"；④ 在补偿协议阶段"房屋征收部门应当依法建立房屋征收补偿档案，并将分户补偿情况在房屋征收范围内向被征收人公布。审计机关应当加强对征收补偿费用管理和使用情况的监督，并公布审计结果"。⑤ 以上条例充分体现了公众和被征收人在房屋征收补偿过程中的参与权、知情权，这在 2001 年的旧条例中是没有的。同时在房屋补偿方式上，《新条例》还赋予了被征收人选择权："被征收人可以选择货币补偿，也可以选择房屋产权调换。"⑥

　　本书拟根据房屋征收的各阶段列出 5 个题项对程序公平进行测量："政府在征收过程中是否是平等、民主的态度""征收前是否通过不同的方式征询大家的意见""征收相关的信息是否总能及时发布""是否提供多样化的补偿选择方案""估价机构的选择过程是否公开透明"。

　　在财产征收补偿的相关文献中有两篇关于程序公平对征地满意度影响的讨论。史清华、晋洪涛、卓建伟（2011）通过对失地农民征地前后的收入对比发现，征地对农民收入影响并不大。并进而推测征地冲突的关键在于在现行征地程序安排下，农民不能完全参与征地利益分配过程，充分表达意见，获取土地所有权人应有回报。在不能充分参与征地过程表达自己意见的情况下，给予失地农民的补偿费再高，他们也不会心甘情愿地接受；即使补偿费已经超过心理预期值，失地农民依旧会认为自己利益受

---

① 《新条例》第十条。
② 《新条例》第十一条。
③ 《新条例》第十五条。
④ 《新条例》第二十条。
⑤ 《新条例》第二十九条。
⑥ 《新条例》第二十一条。

损。失地农民之所以难以有效保护自身合法权益，更深层次的根源在于现行征地程序安排的不公。因此，没有实现"程序公平"才是现行征地制度的根本缺陷。该书是征收领域首先提出征地程序对征收结果的影响的文献。刘祥琪、陈钊、陈洁（2012）进而验证了史清华、晋洪涛、卓建伟的推测。他们通过征地满意度与补偿水平、征收前是否协商进行的多元线性回归证明，只有事先与农民就征地补偿水平进行了协商，那些征地补偿水平较高的农民对征地的满意度才显著更高。

　　本书从征收各阶段的表达权、知情权、选择权全方位考察国有土地上的房屋征收过程中被征收人的程序公平感知，采用"征收信息的及时发布""公众意见的表达""对公众意见的尊重""多样化安置方案供选择""计算方法的认同"作为测量指标。然后根据程序公平偏好理论，尝试验证程序公平对征收意愿和受偿意愿的影响。

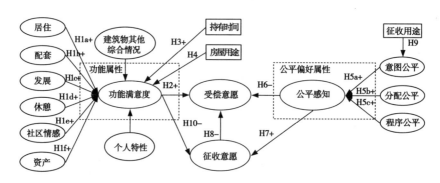

**图 6-1　住宅被征收人受偿意愿模型假设**

# 第三节 模型改进与假设

　　假设 5：被征收人对公平的感知分为 3 个维度，意图公平、分配公平和程序公平，它们是公平感知的二级潜变量。

　　假设 6：公平感知对受偿意愿有负向影响关系。被征收人的公平感知度越低，受偿意愿价格越高。

　　假设 7：公平感知对征收意愿有正向影响关系。被征收人的公平感知度越高，征收意愿越强烈。

　　假设 8：征收意愿在公平感知与受偿意愿之间起间接中介作用。征收意愿对受偿意愿有负向影响关系。

假设9：征收后的土地用于传统认知的公共用途（如建设公路、绿地、医院、保障房）比用于非传统认知的公共用途（如建设商品房和购物中心），被征收人的公平感知要高。

模型中添加了征收意愿作为中介变量，我们再添加一个假设路径，尝试验证功能满意度对征收意愿的影响。

假设10：功能满意度对征收意愿有负向影响关系。被征收人对住宅的功能满意度越高，越不愿意被征收。

# 第七章　禀赋偏好、公平偏好对受偿意愿影响实证研究

## 第一节　研究设计与数据来源

### 一　研究步骤

上文关于受偿意愿的影响模型和假设都是基于理论推导、文献分析和经验总结，属于探索性的研究。因此，实证研究显得尤为重要。通过大量问卷的发放，用数量分析的方法，一方面验证模型与假设，另一方面对模型进行修正。受偿意愿影响因素模型的实证研究拟按照以下步骤进行：

首先，根据相关文献和研究假设设计初始问卷。为使问卷设计更有针对性，本书根据房屋征收过程中的具体情境特点，设计本研究初步调查问卷题项。

其次，开展访谈与预调查，进行问卷修订，形成正式问卷。通过对房屋征收者、房屋征收主管部门、相关领域专家和研究生们的小范围访谈，对问卷的结构、题项设计进行调整，并修正语言表达含糊和理解歧义之处。选取已列入征收范围的武汉洪山区鼓风机厂宿舍作为预调查问卷发放点，发放问卷158份，有效回收122份。对问卷题项进行因子信度效度分析，最终形成可以进行大规模调查的问卷。

再次，开始正式调查，收集研究数据。选取黄石市具有代表性的旧城改造征收项目，采用入户调查和发放问卷相结合的方式进行。所有问卷回收后，分类整理筛选出有效问卷，并对有效问卷的数据进行录入和转换。

最后，进行数据分析，对假设进行验证。

（1）采用SPSS17.0软件进行探索性因素分析，获得住宅功能维度及公平感知的构成因素，同时根据探索性因素分析重新筛选和删减项目，最

后确定正式问卷，并对其进行信度和效度的分析。

（2）采用 AMOS17.0 软件，用不同的样本对探索性因素分析所建立的住宅功能维度及公平感知的因素结构进行进一步检验，判断指标变量是否可以有效作为因素构念的潜在变量，建立测量模型。

（3）模型检验与修正

采用 AMOS17.0 软件，对结构模型进行检验与修正。

## 二　方法选用

本书的假设模型有两大特点：第一，关于住宅各个功能的满意度以及征收中的三维公平感知都属于潜在变量，即反映的是研究者关心但无法直接观察与测量的现象或假设性构念；第二，模型中的征收意愿既是因变量又是自变量。

结构方程模型被提出之前，抽象性的概念（潜在变量）进入模型的方法主要有两种：一种是在广义线性模型这种回归方法族中，将用来测量同一个概念的观察变量视为一个变量组，一起进入模型，以考察这一组变量对因变量的影响；另一种是利用路径分析，在进行路径分析之前，先通过探索性因子分析计算出各个因子的估计值，并将各个因子的估计值作为变量，进入路径分析。这两种方法在本质上是共通的，它们都是通过观察变量的某种线性组合来获得潜在变量的估计值。不同之处在于，前一种方法潜在变量的估计值等于各观察变量的和或者算术平均值；而后一种方法，潜在变量的估计值等于各个观察变量的加权平均值。

基于本书假设模型的特点，我们选择结构方程模型作为研究工具。结构方程模型有优于广义线性模型的几大优点：

（1）重视对概念的测量。社会科学的理论具有高度抽象性，很多是不可以直接测量的。测量模型实现了通过多个观察变量测量抽象概念（即潜在变量），并且各个潜在变量之间可以彼此相关，不必像一般的因子分析那样要求因子之间是正交的。外生潜变量和内生潜变量通过结构模型连接起来构成全模型，从而能真正实现将抽象概念纳入因果模型中。

（2）在模型中允许自变量也存在误差。广义线性回归假设自变量是没有误差的，这一点明显同实际不符。而结构方程模型中，内生潜变量和外生潜变量的测量模型在形式上是统一的，都允许有误差项存在，所以更符合实际情况。

（3）模型中允许存在多个因变量，而且因变量之间也存在相互影响关系。绝大多数统计模型与属于回归方法族的统计方法一样，只容许模型中有一个因变量，其他变量都只是相关关系。这一点同现实情况不符。结构方程模型可以引入多个因变量，并且可以设定因变量之间的关系，从而意味着一个变量不仅受其他变量的影响，而且自身也可以影响其他变量，即可以测度出直接影响和间接影响。

（4）为数据分析提供检验。利用统计学方法将社会科学研究定量化的过程不仅是对数据本身的分析和归纳，更应该是探索性研究和验证性研究的结合。结构方程模型提供了检验型的分析策略。测量模型部分，各个观察变量分别对应于哪个潜在变量是事先设定的，需要做的是检验各指标能否有效测量其所对应的因子，即拟合优度能否达到某个水平，是验证性因子分析。在结构模型部分，变量间的关系设定即路径分析也是基于事先的理论假设进行的验证。

### 三 问卷编制

问卷的设计主要涉及以下四个方面的主要内容：

第一，考察拟征收住宅的特征和被征收人及其家庭特征。住宅特征包括住宅的建成时间、面积、建筑类型、建筑结构、装修程度、户型、征收后的用途。被征收人及家庭特征包括性别、年龄、家庭结构、家庭人均收入、工作单位类型、教育程度、居住时间、房屋用途。以上基本资料的调查一方面有助于分析样本选取的合理性，另一方面可以通过交叉分析得出住宅特征和被征收人及其家庭特征对征收意愿和受偿意愿的影响。

第二，考察被征收人的征收意愿、受偿意愿和安置房要求。征收意愿的测量用"十分愿意""勉强愿意""不确定""有点不愿意""非常不愿意"5个选项供选择，正向计分。我们从"货币补偿方式的受偿意愿"与"实物补偿下就地安置受偿意愿"两个问题测度受偿意愿。为避免选项对被调查者带来的误导，采用开放式出价法采集被征收人的受偿意愿，"如果采用货币（实物）补偿形式，您认为您可以接受的补偿意愿价格占同地段同类商品房价格的百分之几"这种提法可以排除区域因素对补偿意愿的影响。对安置房要求的考察采取因素排序的方式。

第三，考察被征收人对拟征收住宅的功能满意度。对上文理论分析所假设的住宅所承载的居住功能、生活配套功能、休憩功能、社区情感功能、资产功能五大方面进行题项设计，采用5点利克特量表作答（1代表"完全不同意"，2代表"不太同意"，3代表"无所谓"，4代表"基本同意"，5代表"完全同意"），正向计分。

第四，考察被征收人在征收过程中的公平感知。主要从意图公平、程序公平、分配公平三方面进行题项设计，采用5点利克特量表作答（1代表"完全不同意"，2代表"不太同意"，3代表"无所谓"，4代表"基本同意"，5代表"完全同意"），正向计分。

### 四　正式调查与数据收集

本研究调查地点选为黄石市列入或拟列入征收计划的23个国有土地性质的社区。根据黄石市城市总体规划，这23个社区均处于旧城改造区域，目前政府正在做征收前准备和预调查工作，被征收人的回答会影响政府的征收决策。因此，可以降低答题过程中的博弈行为，保证调查对象意愿表达的真实性。同时，本调查也可作为征收预调查工作的一部分。由于是事前调查，因此对公平感知的测量有一部分是根据被调查者的直接感知获得，有一部分是根据被调查者的间接经验获得。

在调查对象的选取方面，我们要求的被调查者是拟征收房屋的所有权人或者与房屋所有权人具有直系亲属关系的长期居住者。他们代表着旧城改造中拟被征收房屋的所有权人的征收补偿意愿。为表述方便，在实证分析中我们称他们为"被征收人"。

自2009年3月被国务院列为第二批资源枯竭型城市试点以来，黄石市以棚户区改造为重点的旧城改造实践走在全国前列，探索出了以棚户区改造和住房保障相结合的新模式。本研究选择黄石市的拟征收社区作为调查地点，一方面是由于黄石市在旧城改造中的典型性和代表性，另外一方面是由于数据采集工作的便利性。

调查采取社区发放自填的形式，发放问卷700份，回收594份，回收有效问卷493份，有效回收率为70%。

# 第二节　样本特征描述

## 一　住宅特征

（一）社区分布：被调查社区分布于黄石市三个主要行政区，黄石港区、西塞山区和下陆区（具体分布图表7-1和表7-1）。其中黄石

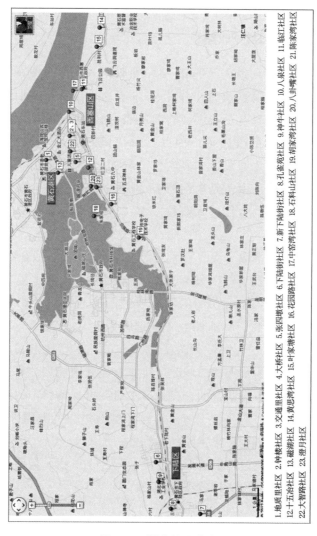

**图7-1　调查社区分布**

港区是黄石市的中心城区，集中调查的 5 个社区规模较大，因此每个社区的平均有效问卷量是最多的。西塞山区作为老工矿城区，是黄石市重点进行棚户区改造的区域，待改造棚户区数量多，规模小，因此每个社区的问卷数量较少。

表 7-1　　　　　　　　　　　被调查社区区域分布统计

| 所在区 | 调查社区数量（个） | 有效问卷数量（份） |
|---|---|---|
| 黄石港区 | 5 | 212 |
| 西塞山区 | 14 | 162 |
| 下陆区 | 4 | 119 |
| 总计 | 23 | 493 |

（二）建筑特征：被调查社区的住宅以 20 世纪 80 年代建造的为最多，占 35.29%；其次是 90 年代建造，占 32.86%；接着是 70 年代及以前的住宅，占 25.97%。有少量 2000 年及以后的，是由于整体规划的需要而列入征收。建筑类型最多的是 1—3 层的低层建筑，占 42.40%；其次是 4—6 层的多层建筑，占 35.09%；7—11 层的小高层建筑占 22.51%。因为房屋以低层多层为主，因此多是砖混结构建筑，占 76.47%，还有部分砖木结构与简易结构。可见拟征收的住宅大多低矮破旧，结构稳定性差。

表 7-2　　　　　　　　　　　建筑特征基本情况统计

| 建成时间 | 1979 年及以前 | 1980—1989 年 | 1990—1999 年 | 2000 年及以后 | 合计 |
|---|---|---|---|---|---|
| 频数 | 128 | 174 | 162 | 29 | 493 |
| 百分比（%） | 25.97 | 35.29 | 32.86 | 5.88 | 100 |
| 建筑类型 | 低层 | 多层 | 小高层 | — | 合计 |
| 频数 | 209 | 173 | 111 | | 493 |
| 百分比（%） | 42.40 | 35.09 | 22.51 | | 100 |
| 建筑结构 | 简易结构 | 砖木架构 | 砖混结构 | 钢混结构 | 合计 |
| 频数 | 25 | 49 | 377 | 42 | 493 |
| 百分比（%） | 5.07 | 9.94 | 76.47 | 8.52 | 100 |

（三）征收用途：选取的被调查社区是以旧城改造的名义进行征收

的项目，根据住宅征收后土地的用途不同分为两类，其中有 28.60% 拟用于保障房建设和公共基础设施建设，有 71.40% 用于商业开发。前者属于传统认知中的公共利益需要，后者是否属于公共利益存在争议。通过下文的有关分析，可以获得旧城改造项目被征收人征收用途公平性评价的情况及对征收意愿的影响。

表 7-3　　　　　　　　　征收用途统计

| 征收用途 | 频数 | 百分比 |
|---|---|---|
| 传统认知的公共用途 | 141 | 28.60% |
| 商业开发用途 | 352 | 71.40% |
| 合计 | 493 | 100% |

## 二　人口统计变量

（一）年龄：被调查对象 16—20 岁占 0.61%，21—30 岁占 9.53%，31—40 岁占 23.33%，41—50 岁占 33.67%，51—60 岁占 18.86%，61 岁及以上占 14.00%。

（二）人均收入：被调查对象中有超过 50% 的家庭人均月收入在 1000 元以下，其中有 4.67% 是低保户。收入水平低下是居住于旧城改造片区家庭的基本经济状况。

（三）工作类型：从被调查者的职业分布看，比例最高的是自由职业者，有 25.96%，排名第二的是无工作者，有 23.94%。数据说明，旧城改造区居住者的人群将近一半是无收入来源或收入来源不稳定。排第三位的是国有企业职工，占 20.49%，这与黄石市的企业结构相关。

（四）教育程度：被调查者教育程度以高中或中职为主，占 39.76%。初中及以下教育程度的占 40.97%。受过高等教育的占 19.27%。总体来看教育程度偏低。

表 7-4　　　　　　　　　被调查者基本情况统计

| 年龄（岁） | 20 及以下 | 21—30 | 31—40 | 41—50 | 51—60 | 61 岁及以上 | 合计 |
|---|---|---|---|---|---|---|---|
| 频数 | 3 | 47 | 115 | 166 | 93 | 69 | 493 |
| 百分比（%） | 0.61 | 9.53 | 23.33 | 33.67 | 18.86 | 14.00 | 100 |

续表

| 家庭人均收入（元/月） | 低保户 | 1000 以下 | 1001—2000 | 2001—3000 | 3001—5000 | 5000 以上 | 合计 |
|---|---|---|---|---|---|---|---|
| 频数 | 23 | 133 | 151 | 65 | 18 | 3 | 493 |
| 百分比（%） | 4.67 | 47.26 | 30.63 | 13.18 | 3.65 | 0.61 | 100 |
| 工作单位 | 行政事业单位 | 国有企业 | 私营企业 | 个体户 | 自由职业 | 无工作 | 合计 |
| 频数 | 52 | 101 | 59 | 35 | 128 | 118 | 493 |
| 百分比（%） | 10.55 | 20.49 | 11.97 | 7.10 | 25.96 | 23.94 | 100 |
| 教育程度 | 小学以下 | 小学 | 初中 | 高中或中职 | 大专或本科 | 硕士及以上 | 合计 |
| 频数 | 15 | 43 | 144 | 196 | 93 | 2 | 493 |
| 百分比（%） | 3.04 | 8.72 | 29.21 | 39.76 | 18.86 | 0.41 | 100 |

## 三　居住特征

（一）居住时间：有 39.55% 的被调查者在被调查社区居住了 30 年以上，有 9.55% 的被调查者居住了 21—30 年，有 23.93% 的被调查者居住了 11—20 年。大部分的被调查者都属于老居民。从社会学角度看，居住越久的居民对社区归属感越强烈，情感依附越高，所在社区社会资本价值越高（桂勇、黄荣贵，2008），因此可能对征收补偿意愿有影响。下文会对此问题做验证。

表 7-5　　　　　　　　　　居住时间统计

| 居住时间 | 频数 | 百分比（%） |
|---|---|---|
| 1—5 年 | 44 | 8.92 |
| 6—10 年 | 89 | 18.05 |
| 11—20 年 | 118 | 23.93 |
| 21—30 年 | 47 | 9.55 |
| 30 年以上 | 195 | 39.55 |
| 合计 | 493 | 100.00 |

（二）家庭结构与户型特征：通过对家庭结构（这里指的是居住在

一起的人口结构）与居住户型的交叉分析（见表7-6），可以发现，单间户型还居住着两代人甚至三代人，占被调查者的10.34%（1.01%+5.68%+0.81%+2.84%），居住空间极其拮据。

表7-6　　　　　　　　家庭结构与户型结构交叉分析

| | | 户型 | | | | | | 合计 |
|---|---|---|---|---|---|---|---|---|
| | | 单间不带厨卫 | 单间带厨卫 | 一室一厅 | 两室一厅 | 三室一厅 | 其他 | |
| 家庭结构 | 单身 | 0 | 3 | 11 | 5 | 0 | 0 | 19 |
| | 占总样本（%） | 0.00 | 0.61 | 2.23 | 1.01 | 0.00 | 0.00 | 3.85 |
| | 夫妻二人 | 3 | 9 | 44 | 74 | 6 | 3 | 139 |
| | 占总样本（%） | 0.61 | 1.83 | 8.92 | 15.01 | 1.22 | 0.61 | 28.19 |
| | 夫妻加子女 | 5 | 28 | 40 | 100 | 28 | 26 | 227 |
| | 占总样本（%） | 1.01 | 5.68 | 8.11 | 20.28 | 5.68 | 5.27 | 46.04 |
| | 三代同堂 | 4 | 14 | 29 | 22 | 16 | 10 | 95 |
| | 占总样本（%） | 0.81 | 2.84 | 5.88 | 4.46 | 3.25 | 2.03 | 19.27 |
| | 单亲家庭 | 1 | 2 | 1 | 4 | 4 | 1 | 13 |
| | 占总样本（%） | 0.20 | 0.41 | 0.20 | 0.81 | 0.81 | 0.20 | 2.64 |
| 合计 | | 13 | 56 | 125 | 205 | 54 | 40 | 493 |

# 第三节　征收意愿与特征

## 一　征收意愿

征收意愿的数据统计结果显示（见图7-2）：54.36%的人勉强愿意参与征收；18.86%的人表示不确定；16.43%的人十分愿意参与征收；只有10.34%（3.65%+6.69%）的人表示不愿意。从这个结果可以推测，一方面，可能是由于住宅本身的状况较差使得住宅所有权人愿意参与旧城改造，获得居住条件改善的机会；另一方面，可能由于地方政府的房屋征收补偿工作细致有序，所以大部分被调查者都愿意配合征收。此推论将会在下文中进行验证。

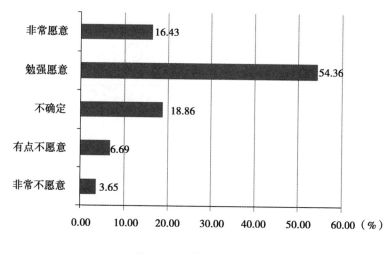

图 7-2　征收意愿分布

## 二　居住改善需求与征收意愿

被调查者居住改善需求数据统计结果显示（见图 7-3）：有 45.64%的被调查者对居住条件的改善需求表示无所谓；表示需求很强烈和强烈的分别占 15.42% 和 33.27%；表示不需要和完全没必要改善的占 4.26% 和 1.42%。由此可见：第一，希望改善居住现状的需求很高；第二，近一半的人对此问题持保留或谨慎态度。

从征收意愿与改善需求的交叉分析来看（见表 7-7），改善需求越强烈，征收意愿越强烈。GAMMA 检验显示两者呈显著正相关（相关系数 0.649，P<0.001）。这说明，对居住状况有改善意愿的被征收人更加愿意参与旧城改造，借此获得居住条件改善的机会。尤其值得注意的是，对改善需求持无所谓态度的被调查者中有 57.78%（54.67% + 3.11%）对征收持愿意态度，这充分反映了公众对征收补偿工作的信任与支持，即使对居住状况改善无所谓的人也会勉强甚至十分愿意参与征收。

因此，并不是如广大媒体舆论导向的那样，但凡涉及拆迁一定是剥夺了被征收人的利益，违背了被征收人的意愿。事实上，大多数人对房屋征收是持欢迎态度，并愿意借此改善居住品质。

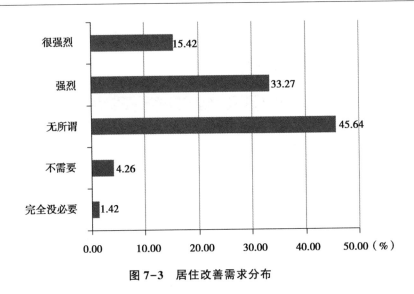

图 7-3　居住改善需求分布

表 7-7　　　　　　　　　　改善需求与征收意愿交叉分析

| 改善需求 | 征收意愿 | | | | | 合计 |
|---|---|---|---|---|---|---|
| | 十分愿意 | 勉强愿意 | 不确定 | 有点不愿意 | 非常不愿意 | |
| 很强烈 | 44 | 28 | 3 | 1 | 0 | 76 |
| 占比（%） | 57.89 | 36.84 | 3.95 | 1.32 | 0.00 | 100.00 |
| 强烈 | 27 | 112 | 12 | 11 | 2 | 164 |
| 占比（%） | 16.46 | 68.29 | 7.32 | 6.71 | 1.22 | 100.00 |
| 无所谓 | 7 | 123 | 67 | 16 | 12 | 225 |
| 占比（%） | 3.11 | 54.67 | 29.78 | 7.11 | 5.33 | 100.00 |
| 不需要 | 2 | 3 | 10 | 4 | 2 | 21 |
| 占比（%） | 9.52 | 14.29 | 47.62 | 19.05 | 9.52 | 100.00 |
| 完全没必要 | 1 | 2 | 1 | 1 | 2 | 7 |
| 占比（%） | 14.29 | 28.57 | 14.29 | 14.29 | 28.57 | 100.00 |
| 合计 | 81 | 268 | 93 | 33 | 18 | 493 |

### 三　征收用途与征收意愿

　　如上文所述，征收房屋后土地用于商业开发是否属于公共用途尚存在争议。按照征收后土地的用途将数据分为传统意义上的公共用途建设和商业开发两组进行对比（见图 7-4），相较于商业开发用途，当住宅征收用于传统意义上的公共用途，其征收意愿较高。这印证了互惠公平理论在征收中的存在：被征收人对征收用途是否属于公共利益的判断会引发他们对于政府征收动机的怀疑，从而影响在征收中呈现的支持或对立态度。

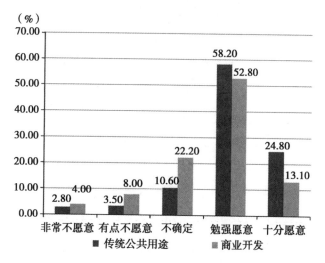

图7-4　不同征收用途下的征收意愿对比

# 第四节　受偿意愿与特征

## 一　被征收人受偿意愿特征

### （一）受偿意愿

对于被征收人的征收补偿意愿，问卷分两个问题进行调查。第一是"假设采取全货币补偿的方式，您愿意接受对房屋的补偿单价是同地段同类商品房单价的百分之几"，第二是"假设采取完全实物补偿方式就近安置，您愿意接受对房屋的补偿单价是同地段同类商品房单价的百分之几"，目的在于考察被征收人的补偿意愿和对两种补偿方式的认知。从理论上讲，货币补偿与实物补偿的价值内涵是有差异的，就近安置的房屋与等价的货币相比更易于补偿被征收人的福利损失，因此货币补偿应该比实物补偿的价值更高才能弥补征收带来的福利损失。但是从图7-5可以发现，货币补偿意愿价格和实物补偿意愿价格实际上比较接近。

无论采取哪一种补偿方式，被调查者认为对被征收房屋的补偿应该是

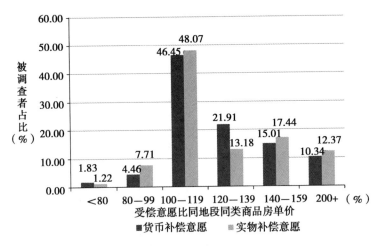

图 7-5　货币补偿与实物补偿受偿意愿对比

同地段同类商品房价格 100%—119% 的占到被调查者人数的近一半，120%—159% 的占被调查者人数的 30% 多，只有少部分人要价在 200% 以上。可见，本次调查中的受偿意愿表达是相对理性的，90% 以上的被征收者的受偿意愿都不满足于同地段同类商品房的市场价值，高于市价 20% 左右为诉求主流。

（二）住宅用途与受偿意愿关系

为验证住宅的用途是否会影响受偿意愿，我们对两者进行了单因素方差分析。结果显示两者具有显著关系：用于投资的住宅受偿意愿均数低于同地段同类商品房市场价格，用于自住或者自住兼投资的住宅受偿意愿均数在同地段同类商品房市场价格的 120% 以上。此结论初步验证了 Genesove 和 Mayer（2001）的研究结论，住宅的禀赋效应与用途相关，当住宅并不是用于自住时，住宅所有者的损失厌恶会小一些。但是住宅用途与受偿意愿之间的关系是否由禀赋效应来解释，需要下文进一步验证不同住宅用途下的功能满意度差异。

表 7-8　　　　　　　　不同住宅用途下的受偿意愿差异

| 类别 | 样本数 | 均数（%） | 标准差 |
|---|---|---|---|
| 自住 | 433 | 123.37 | 37.549 |
| 自住兼投资 | 48 | 124.69 | 33.109 |
| 投资 | 12 | 96.25 | 19.900 |

注：F 值 3.231，p<0.01。

## 二　补偿方式的选择特征

### (一) 补偿方式选择

在补偿方式的选择方面，有 52.33% 的被调查者更倾向于房屋置换（见图 7-6），其中 69.57% 的人选择就地或就近安置（见表 7-9）。从房屋价值构成看，就地或就近房屋置换更能维护被征收者原有的住房福利，因为它不仅降低了征收对于被征收人生活工作学习的影响，而且一定程度上存续了邻里情感依附、维持了对土地发展的享有权。因此，就地与就近房屋置换是被征收人的首选补偿方式。

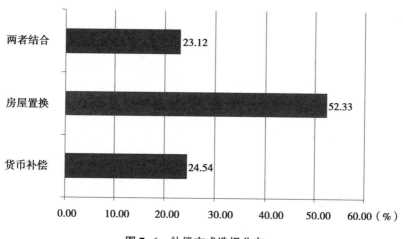

**图 7-6　补偿方式选择分布**

表 7-9　　　　　　　　　　　　房屋置换区域选择

| 区域选择 | 频数 | 百分比（%） |
|---|---|---|
| 就地安置 | 223 | 45.23 |
| 就近安置（本区内） | 120 | 24.34 |
| 异地安置（本市内） | 19 | 3.85 |
| 皆可 | 27 | 5.48 |
| 缺失 | 104 | 21.10 |
| | 493 | 100.00 |

（二）年龄与补偿方式的选择

从年龄与补偿方式的交叉分析表可以很明显地发现 40 岁以下的被调查者倾向于货币补偿，40 岁以上的被调查者倾向于房屋置换。Phi 和 Cramer 系数显示两者显著相关（p<0.001）。表明不同年龄阶段的被征收人会选择不同的补偿方式。这可能是因为：首先，40 岁以上的被调查者家庭负担重，没有能力用货币补偿去购买相类似地段的品质比安置房更高的商品房；其次，他们工作地点相对固定，如果用货币补偿款购买区位较差的商品房会增加通勤时间成本；最后，年龄越大，对居住的区域的情感依附越大。

表 7-10　　　　　　　　年龄与补偿方式选择的交叉分析

| | | | 补偿方式选择 | | | 总计 |
|---|---|---|---|---|---|---|
| | | | 货币补偿 | 房屋置换 | 两者结合 | |
| 年龄 | 20 岁及以下 | 频数 | 2 | 0 | 1 | 3 |
| | | 占比（%） | 66.7 | 0.0 | 33.3 | 100.0 |
| | 21—30 岁 | 频数 | 22 | 7 | 18 | 47 |
| | | 占比（%） | 46.8 | 14.9 | 38.3 | 100.0 |
| | 31—40 岁 | 频数 | 49 | 40 | 26 | 115 |
| | | 占比（%） | 42.6 | 34.8 | 22.6 | 100.0 |
| | 41—50 岁 | 频数 | 39 | 82 | 45 | 166 |
| | | 占比（%） | 23.5 | 49.4 | 27.1 | 100.0 |
| | 51—60 岁 | 频数 | 7 | 67 | 19 | 93 |
| | | 占比（%） | 7.5 | 72.0 | 20.4 | 100.0 |
| | 61 岁及以上 | 频数 | 2 | 62 | 5 | 69 |
| | | 占比（%） | 2.9 | 89.9 | 7.2 | 100.0 |
| 总计 | | 频数 | 121 | 258 | 114 | 493 |
| | | 占比（%） | 24.5 | 52.3 | 23.1 | 100.0 |

注：Phi = 0.476，p<0.001；Cramer's V = 0.336，p<0.001。

（三）收入与补偿方式的选择

从人均收入与补偿选择方式交叉分析表可以发现，家庭人均收入在 3000 元以下的更倾向于房屋置换；家庭人均收入在 3000 元以上的更倾向于货币补偿。Phi 和 Cramer's V 检验结果显示两者显著相关（p<0.001）。

这说明，收入较高的家庭为提高住房质量倾向于货币补偿，以此可以自由选择重置房屋；也有可能被征收房屋并不是收入较高家庭的唯一居所，因此选择货币补偿。

**表 7-11**　　　　　　　　　人均收入与补偿方式选择交叉分析

| | | | 补偿方式选择 | | 合计 |
|---|---|---|---|---|---|
| | | | 货币补偿 | 房屋置换 | 两者结合 | |
| 人均收入 | 低保线以下 | 频数 | 3 | 14 | 6 | 23 |
| | | 占比（%） | 13.0 | 60.9 | 26.1 | 100.0 |
| | 1000元及以下 | 频数 | 39 | 144 | 50 | 233 |
| | | 占比（%） | 16.7 | 61.8 | 21.5 | 100.0 |
| | 1001—2000元 | 频数 | 39 | 67 | 45 | 151 |
| | | 占比（%） | 25.8 | 44.4 | 29.8 | 100.0 |
| | 2001—3000元 | Count | 26 | 29 | 10 | 65 |
| | | 占比（%） | 40.0 | 44.6 | 15.4 | 100.0 |
| | 3001—5000元 | Count | 11 | 4 | 3 | 18 |
| | | 占比（%） | 61.1 | 22.2 | 16.7 | 100.0 |
| | 5000元以上 | Count | 3 | 0 | 0 | 3 |
| | | 占比（%） | 100.0 | .0 | .0 | 100.0 |
| 合计 | | Count | 121 | 258 | 114 | 493 |
| | | 占比（%） | 24.5 | 52.3 | 23.1 | 100.0 |

注：Phi=0.311，p<0.001；Cramer's V=0.220，p<0.001。

（四）安置房屋的诉求

问卷用多选题（限选三项）的方式考察被征收者对安置房屋的要求。我们发现选择频数最多的是"教育配套好"，接着依次是"商业配套齐""离医院近""绿化环境好"。值得注意的是，"和老邻居在一起"排在"污染少"和"物业管理好"之前。可见，能让被征收人满意的安置房首先要考虑良好的教育配套，特别是在按区域择校的制度下，如果安置房所在区域的教育跟不上或者质量没有原所在区域好，就会引起被征收人的不满；其次，要有齐全的生活类配套和宜人的环境；最后，为被征收社区提供统一的安置社区使得多年邻里情感能继续维系，将有利于征收安置工作的进行。

**表7-12** 被征收人对安置房屋的诉求排序

| 诉求 | 教育配套好 | 商业配套齐 | 离医院近 | 绿化环境好 | 和老邻居在一起 | 污染少 | 物业管理好 |
|------|-----------|-----------|---------|-----------|---------------|--------|-----------|
| 选择频数 | 371 | 289 | 255 | 203 | 149 | 94 | 49 |
| 选择比例（频数/样本量,%） | 75.25 | 58.62 | 51.72 | 41.18 | 30.22 | 19.07 | 9.9.94 |

# 第五节 功能满意度因子分析

## 一 探索性因子分析

由于住宅功能满意度量表的设计可供参考文献不足，因此需要进行探索性因子分析，以求得量表最佳的建构效度。我们将问卷随机平均分成两部分，先用一半做探索性因子分析，再用另一半数据做验证性因子分析，验证前面所得的理论架构。

被征收人功能满意度量表共含22个题项，首先从22个题项能否解释功能满意度这一高阶潜变量出发进行项目分析。除第11、19题外，其余题项的变量共同度都大于0.5，因此删除第11、19题项。

在量表是否适合进行因素分析的判别上，KMO与Bartlett检验结果显示KMO值是0.880，表明功能满意度量表极适合进行因素分析，Bartlett球面检验结果拒绝变量间不相关的原假设（$x^2 = 0.0046$，df = 210，p < 0.001），故满足进行功能满意度因子分析的前提条件（见表7-13）。

**表7-13** 住宅功能满意度量表 KMO 和 Bartlett's Test 结果

| KMO | Bartlett's Test of Sphericity | | |
|-----|-------------------------------|---|---|
| | Approx. Chi-Square | df | Sig. |
| 0.880 | 4.550E3 | 210 | 000 |

接着对20个题项进行主成分分析萃取共同因子，检验量表的建构效度。配合最大变异法进行直交转轴，结果见表7-14：

第一个因子由关于就业、求学、购物、医疗配套等评价构成，因此将该因子命名为"配套功能满意度"；第二个因子由关于绿化、环境、休憩空间的评价构成，因此将该因子命名为"休憩功能满意度"；第三个因子由关于对区域发展潜力、未来增值空间等的评价构成，因此将该因子命名为"资产功能满意度"；第四个因子由与邻里互动的题项构成，将该因子命名为"社区情感功能满意度"；第五个因子与居住的舒适度有关，将该因子命名为"居住功能满意度"。五个因子共解释了 64.6% 的方差。与量表设计前的住宅功能维度假设有出入的地方在于原假设的"发展功能满意度"与"生活配套功能满意度"合并为"配套功能满意度"。住宅所承载的功能经探索性因子分析显示分为 5 个维度：配套功能、休憩功能、资产功能、社区情感功能、居住功能。

表 7-14　　　　　　　　　　　功能满意度主成分分析结果

| 题项 | 因子 | | | | |
| --- | --- | --- | --- | --- | --- |
| | 因子 1 | 因子 2 | 因子 3 | 因子 4 | 因子 5 |
| GNMY 8 买菜很方便 | 0.746 | | | | |
| GNMY 3 教育配套好 | 0.742 | | | | |
| GNMY 4 孩子入托求学方便 | 0.713 | | | | |
| GNMY 9 离医院近，方便就医 | 0.654 | | | | |
| GNMY 10 离商业中心近 | 0.635 | | | | |
| GNMY 2 就业机会多 | 0.553 | | | | |
| GNMY 1 上班近 | 0.496 | | | | |
| GNMY 5 周边绿化好 | | 0.860 | | | |
| GNMY 7 空气清新 | | 0.837 | | | |
| GNMY 6 有散步休憩空间 | | 0.785 | | | |
| GNMY 21 房子升值快 | | | 0.787 | | |
| GNMY 22 区域将来会很繁华 | | | 0.754 | | |
| GNMY 20 区域很有发展潜力 | | | 0.711 | | |
| GNMY 16 经常在小区和邻居聊天 | | | | 0.801 | |
| GNMY 17 遇到困难可求助邻居 | | | | 0.773 | |
| GNMY 18 小区是个大家庭 | | | | 0.661 | |
| GNMY 15 小区有很多熟人 | | | | 0.419 | |
| GNMY 13 居住很舒适 | | | | | 0.805 |
| GNMY 12 结构很安全 | | | | | 0.756 |
| GNMY 14 面积够一家人居住 | | | | | 0.738 |

续表

| 题项 | 因子 | | | | |
|---|---|---|---|---|---|
| | 因子 1 | 因子 2 | 因子 3 | 因子 4 | 因子 5 |
| 因子命名 | 配套功能 | 休憩功能 | 资产功能 | 社区情感功能 | 居住功能 |
| 方差贡献率 (%) | 17.338 | 12.713 | 12.317 | 11.413 | 10.819 |
| 累计贡献率 (%) | 17.338 | 30.051 | 42.368 | 53.781 | 64.600 |

注：主成分分析法，表中数字为 Varimax 旋转后的因子负荷。

## 二　验证性因子分析

### （一）因子测量模型的构建

由于五个维度的功能满意度潜在变量具有中高度相关性，因此尝试采用多因素斜交模型构建公平感知测量模型（如图 7-7）。

### （二）因子测量模型整体拟合度检验

接着采用极大似然法对模型进行模型拟合度评价。利用卡方分布检验是一个最早被接受的做法。但是卡方分布检验，包括卡方统计量或卡方自由度都容易受样本数的影响（Rigdon，1995），因此，学者们开始研发各种替代性的模型拟合指标。到目前为止，各种不同的指数仍不断被发表出来。已发表的指数是否合理，还在不断被质疑和争辩。

吴明隆（2010）将拟合指标进行整理并将拟合指标分为绝对拟合度指数、相对拟合度指数、调整拟合度指数三类。绝对拟合度指数评价的是在模型拟合后留下的残差或未解释的变异量是否可以察觉到，是绝对的，对任何特定数据组无底线的限制。相对拟合度指数评价的是：解释一组观察数据时，一特定模型与其他可能模型相比较，能有多好的表现，这些指标大部分建立在最差拟合模型的底线之上。调整拟合度指数评价的是：如何结合拟合性与简洁性。Hu 与 Bentler（1999）主张 CFI 与 RMSEA 两个指数都需在报告中，尤其是 RMSEA 指数，当研究者想去估计统计检验力时特别合适。温忠麟、侯杰泰等（2004）建议使用 TLI、CFI、RMSEA 指标。根据本研究的需要和三类拟合指标的兼顾，本书选取 $\chi^2$、$\chi^2/df$、RMSEA、GFI、TLI、CFI、PGFI、PCFI 来综合判断结构方程模型的拟合度（见表 7-15）。

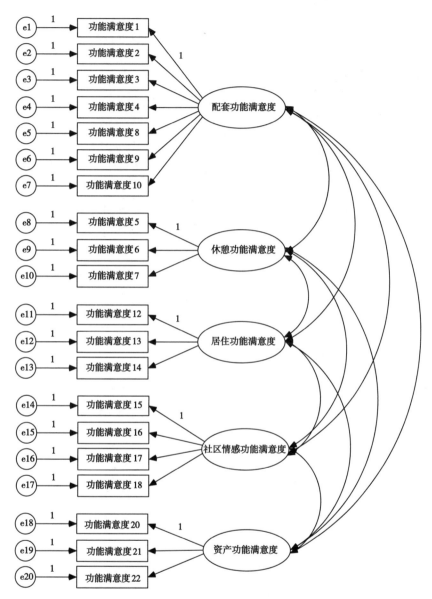

图 7-7 公平感知测量模型

表 7-15 模型拟合度评价指标及其评价标准

| 统计检验量 | 拟合标准或临界值 |
| --- | --- |
| 绝对拟合度指数 | |
| $\chi^2$ | p>0.05 |

| 统计检验量 | 拟合标准或临界值 |
|---|---|
| $\chi^2/df$ | 接近 1（拟合佳）；2-5（拟合合理） |
| RMR | <0.05 |
| RMSEA | <0.05（拟合佳）；<0.08（拟合合理） |
| GFI | >0.90 |
| AGFI | >0.90 |
| 相对拟合度指数 | |
| CFI | >0.90 |
| NFI | >0.90 |
| TLI | >0.90 |
| 调整拟合度指数 | |
| PGFI | >0.50 |
| PCFI | >0.50 |
| PNFI | >0.50 |

从功能满意度测量模型的整体拟合度来看（见表7-16），显著性概率值 p=0.000，拒绝虚无假设，卡方自由度比、RMSEA、GFI、CFI、TLI、PGFI、PCFI 均符合评价标准。综上判断，功能满意度因子测量模型整体拟合度较好。

表 7-16　　　　　　公平感知因子测量模型整体拟合度评价指标

| 拟合指标 | $\chi^2$ | $\chi^2/df$ | RMSEA | GFI | CFI | TLI | PGFI | PCFI |
|---|---|---|---|---|---|---|---|---|
| 因子测量 | p=0.000 | 3.334 | 0.069 | 0.917 | 0.924 | 0.912 | 0.656 | 0.731 |

（三）因子测量模型内在结构拟合度检验

有时整体模型的拟合度得到契合，但是个别参数的解释可能无意义，因而需要从模型的内在结构拟合度获得对理论的验证。因子测量模型的内在结构拟合度准则是：

（1）个别观察变量的题项信度在 0.5 以上；

（2）潜在变量的组合信度在 0.6 以上；

（3）潜在变量的平均方差抽取量（收敛效度）在 0.5 以上；

（4）所有参数统计量的估计值均达到显著水平；

　　从因子模型内在质量评估来看（见表7-17），在测量指标评估方面，各测量指标的标准化因子负荷均在0.5以上且具有很高的显著性；潜在变量的组合信度均在0.6以上，具有建构信度；聚合效度AVE均在0.5以上，具有聚合效度。因此以配套功能满意度、休憩功能满意度、居住功能满意度、社区情感功能满意度和资产功能满意度作为5个潜变量的是合适的。假设1需要修正：住宅的功能满意度由5个潜变量组成，其中原假设中的"生活配套功能满意度"和"发展功能满意度"合并为"配套功能满意度"。

表 7-17　　　功能满意度测量模型参数估计与效度信度检验结果

| 测量指标 | 标准化因子负荷 | 组合信度 | 聚合效度 AVE |
|---|---|---|---|
| GNMY1 | 0.549 *** | | |
| GNMY2 | 0.646 *** | | |
| GNMY3 | 0.750 *** | | |
| GNMY4 | 0.620 *** | | |
| GNMY8 | 0.722 *** | | |
| GNMY9 | 0.681 *** | | |
| GNMY10 | 0.669 *** | | |
| 配套功能满意度 | | 0.846 | 0.513 |
| GNMY5 | 0.798 *** | | |
| GNMY6 | 0.764 *** | | |
| GNMY7 | 0.787 *** | | |
| 休憩功能满意度 | | 0.826 | 0.613 |
| GNMY12 | 0.687 *** | | |
| GNMY13 | 0.764 *** | | |
| GNMY14 | 0.720 *** | | |
| 居住功能满意度 | | 0.720 | 0.525 |
| GNMY15 | 0.675 *** | | |
| GNMY16 | 0.632 *** | | |
| GNMY17 | 0.793 *** | | |
| GNMY18 | 0.757 *** | | |
| 社区情感功能满意度 | | 0.757 | 0.526 |
| GNMY20 | 0.742 *** | | |

| 测量指标 | 标准化因子负荷 | 组合信度 | 聚合效度 AVE |
|---|---|---|---|
| GNMY21 | 0.755 *** | | |
| GNMY22 | 0.824 *** | | |
| 资产功能满意度 | | 0.818 | 0.599 |

注: *** 表示 p<0.01。

## 三　功能满意度特征

### (一) 功能满意度描述性统计

根据因子分析的结果，将功能满意度量表数据按照配套功能满意度、休憩功能满意度、居住功能满意度、社区情感功能满意度和资产功能满意度进行统计。结果显示 (见表 7—18)，五大功能均值都在 3 以上，并且标准差较小，呈现偏分和变异小的特点。被征收人对现有住房的配套、社区情感功能最为满意，满意度最低的是居住功能。可见旧城改造区的房屋因为物质条件的落后，居住舒适度不高，但是地段优越，周边配套齐全，并且常年居住形成了良好的社区邻里关系。

表 7-18　　　　功能满意度五维度描述性统计 (按 1—5 分测量)

| 满意度 | 样本量 | 最小值 | 最大值 | 均值 | 标准差 |
|---|---|---|---|---|---|
| 配套功能 | 493 | 2.38 | 5.00 | 4.194 | 0.645 |
| 休憩功能 | 493 | 1.00 | 5.00 | 3.922 | 0.827 |
| 居住功能 | 493 | 1.67 | 5.00 | 3.238 | 0.767 |
| 社区情感功能 | 493 | 2.25 | 5.00 | 4.161 | 0.614 |
| 资产功能 | 493 | 2.00 | 5.00 | 3.951 | 0.824 |
| 总体功能 | 493 | 2.62 | 5.00 | 4.013 | 0.537 |

### (二) 功能满意度与居住时间

为验证居住时间对功能满意度的影响，将居住时间与功能满意度进行单因素方差分析 (见表 7—19)，检验住宅作为典型人格财产具有的禀赋效应是否与时间呈正比。结果发现：从总体来看，功能满意度与居住时间并不是呈正比的关系，而是以 20 年为一个拐点，居住时间在 20 年及以上的住宅所有权人与居住时间少于 20 年的相比，具有较高的功能满意度，因此假设 3 不成立。其中配套功能满意度、社区情感功能满意度、资产功能满意度都显著地表现出此特征。但是居住功能满意度与休憩功能满意度在居住时间的分异上表现不明显。由此可见，对周边配套设施、邻里关系的日久生情并不是与时间呈正相关关系，而可能呈 V 形关系。配套功能满意度与资产功能满意度在居住时间 20 年及以上表现得最高也可能与此类住宅所处区位有关，因为但凡建成 20 年以上的住宅所在区域现在都属于老城区市中心。居住功能满意度如果按照物质折旧来说，应该与时间呈负相关关系，但可能因为有对住宅的情感依附存在，在两者的共同影响下，居住功能满意度与居住时间的关系上表现不出显著特征。

**表 7-19　　　　　　功能满意度在不同居住时间区间的差异分析**

| | 5 年以下<br>（n=49） | 5—10 年<br>（n=114） | 11—20 年<br>（n=88） | 20 年以上<br>（n=242） | F 值 |
|---|---|---|---|---|---|
| 配套功能满意度 | 4.22±0.86 | 4.01±0.64 | 3.89±0.64 | 4.39±0.52 | 19.212*** |
| 休憩功能满意度 | 3.98±0.64 | 4.02±0.65 | 3.67±0.75 | 3.96±0.94 | 3.508* |
| 居住功能满意度 | 3.82±0.74 | 3.81±0.74 | 3.75±0.76 | 3.88±0.79 | 0.650 |
| 社区情感功能满意度 | 3.86±0.67 | 4.15±0.55 | 4.15±0.76 | 4.28±0.53 | 10.699*** |
| 资产功能满意度 | 3.95±0.70 | 3.73±0.88 | 3.72±0.81 | 4.14±0.78 | 9.724*** |
| 总体功能满意度 | 3.97±0.53 | 3.95±0.51 | 3.84±0.58 | 4.13±0.50 | 10.644*** |

注：以上数值表示的是均值与标准差 $\bar{x}$ ±s。*** 表示 $p<0.01$，* 表示 $p<0.1$。

**（三）功能满意度与住宅用途**

为验证住宅用途对功能满意度的影响，将住宅用途与功能满意度进行方差分析（见表 7-20）。从总体来看，用于投资的住宅被征收人的功能满意度显著低于用于自住和自住兼投资的住宅，假设 4 成立。同时也揭示了用于自住的住宅受偿意愿高于用于投资的住宅之原因：因为禀赋效应的存在，前者的功能满意度高于后者。

**表 7-20　　　　　　不同住宅用途下的功能满意度差异**

| | 样本数 | 功能满意度 | 标准差 |
|---|---|---|---|
| 自住 | 433 | 4.01 | 0.53 |
| 自住兼投资 | 48 | 4.19 | 0.53 |
| 投资 | 12 | 3.36 | 0.41 |

注：F 值 12.072，$p<0.01$。

# 第六节　公平感知因子分析

## 一　探索性因子分析

被征收人公平感知量表共含 12 个题项，首先以 12 个题项能否解释公平感知这一高阶潜变量出发进行项目分析。题项的变量共同度均大于0.5，因此无须删除题项。

在量表是否适合进行因素分析的判别上，KMO 与 Bartlett 检验结果显示 KMO 值是 0.939，表明公平感知量表极适合进行因素分析，Bartlett 球面检验结果拒绝变量间不相关的原假设（$X^2 = 0.0033$，df = 66，p < 0.001），故满足进行公平感知因子分析的前提条件（见表 7-21）。

表 7-21　　　　住宅征收公平感知量表 KMO 和 Bartlett's Test 结果

| KMO | Bartlett's Test of Sphericity | | |
| --- | --- | --- | --- |
| | Approx. Chi-Square | df | Sig. |
| 0.939 | 3.255E3 | 66 | 0.000 |

接着对 12 个题项进行分析萃取共同因子，检验量表的建构效度。根据上文分析，征收过程中的公平感知可以很明确分为三个维度，量表也是根据 3 个维度进行设计的，因此可以采取限定抽取共同因子法。限定 3 个因子的主成份分析，配合最大变异法进行直交转轴，结果见表 7-22：

表 7-22　　　　　　　　公平感知主成分分析结果

| 题项 | 因子 | | |
| --- | --- | --- | --- |
| | 因子 1 | 因子 2 | 因子 3 |
| GPGZ3. 征收能促进城市经济发展 | 0.829 | | |
| GPGZ1. 征收符合公众的利益需要 | 0.715 | | |
| GPGZ2. 征收能为城市提供更多的发展空间 | 0.684 | | |
| GPGZ4. 征收能改善居民生活品质 | 0.567 | | |
| GPGZ7. 征收信息的及时发布 | | 0.772 | |
| GPGZ5. 征收人平等民主的态度 | | 0.697 | |
| GPGZ6. 对公众意见的尊重 | | 0.659 | |

续表

| 题项 | 因子 | | |
|---|---|---|---|
| | 因子 1 | 因子 2 | 因子 3 |
| GPGZ8. 多样化的安置方案 | | 0.621 | |
| GPGZ 11. 评估结果值得信任 | | | 0.809 |
| GPGZ 10. 估价机构的选择公开透明 | | | 0.727 |
| GPGZ 9. 补偿方案的计算方法是公正的 | | | 0.678 |
| GPGZ 12. 补偿是一视同仁的 | | | 0.529 |
| 因子命名 | 意图公平 | 过程公平 | 分配公平 |
| 方差贡献率（%） | 23.446 | 22.979 | 21.934 |
| 累计贡献率（%） | 23.446 | 46.425 | 68.359 |

注：主成分分析法，表中数字为 Varimax 旋转后的因子负荷。

结果显示，3 个因子所包含的题项与原先假设大致符合。除了"公平感知 9""补偿方案的计算方法是公正的"题项按原设计应该属于过程公平，结果显示列入分配公平。但是这也是可以理解的，因为被征收人是通过补偿结果去看待计算方法的。3 个因子共解释总变异量的 68.359%。

## 二　验证性因子分析

（一）因子测量模型的构建

由于三个维度的公平感知潜在变量具有中高度相关性，因此尝试采用多因素斜交模型构建公平感知测量模型（见图 7-8）。

（二）因子测量模型整体拟合度检验

从公平感知测量模型的整体拟合度来看（见表 7-23），除 $\chi^2$ 值不太符合拟合标准值，其余指标显示均符合拟合标准。公平感知测量模型整体拟合度较好。

表 7-23　　　　公平感知因子测量模型整体拟合度评价指标

| 拟合指标 | $\chi^2$ | $\chi^2/df$ | RMSEA | GFI | CFI | TLI | PGFI | PCFI |
|---|---|---|---|---|---|---|---|---|
| 因子测量 | p = 0.000 | 4.248 | 0.078 | 0.935 | 0.949 | 0.933 | 0.611 | 0.733 |

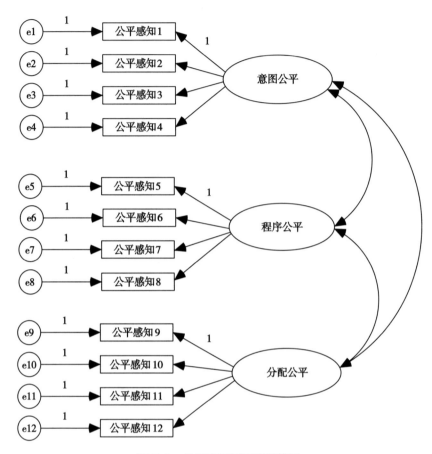

图 7-8　公平感知因子测量模型

（三）因子测量模型内在结构拟合度检验

从因子模型内在质量评估来看（见表 7-24），在测量指标评估方面，各测量指标的标准化因子负荷均在 0.7 以上且具有很高的显著性；潜在变量的组合信度均在 0.5 以上，具有建构信度；聚合效度 AVE（average variance extracted，平均方差抽取量）均在 0.7 以上，具有聚合效度。因此以意图公平感知、过程公平感知和结果公平感知作为 3 个潜变量是合适的，假设 5a—c 成立。

表 7-24　　公平感知测量模型参数估计与效度信度检验结果

| 测量指标 | 标准化因子负荷 | 组合信度 | 聚合效度 AVE |
|---|---|---|---|
| GPGZ1 | 0.746 *** | | |

续表

| 测量指标 | 标准化因子负荷 | 组合信度 | 聚合效度 AVE |
|---|---|---|---|
| GPGZ2 | 0.742 *** | | |
| GPGZ3 | 0.794 *** | | |
| GPGZ4 | 0.746 *** | | |
| 意图公平感知 | | 0.8431 | 0.746 |
| GPGZ5 | 0.755 *** | | |
| GPGZ6 | 0.722 *** | | |
| GPGZ7 | 0.714 *** | | |
| GPGZ8 | 0.734 *** | | |
| 程序公平感知 | | 0.535 | 0.8214 |
| GPGZ9 | 0.779 *** | | |
| GPGZ10 | 0.766 *** | | |
| GPGZ11 | 0.724 *** | | |
| GPGZ12 | 0.757 *** | | |
| 分配公平感知 | | 0.5727 | 0.8427 |

注: *** 表示 $p < 0.01$。

### 三　公平感知特征

根据因子分析结果，将公平感知量表结果按照意图公平、程序公平和分配公平三个维度进行统计。总体来看，三个维度的公平感知均值都在 3 分以上，标准差较小，呈现偏分和变异较小的特点。说明被征收人对征收的公平感知度较高（见表 7-25）。

表 7-25　　　　公平感知三维度描述性统计（按 1—5 分测量）

| 公平感知 | 样本量 | 最小值 | 最大值 | 均值 | 标准差 |
|---|---|---|---|---|---|
| 意图公平感知 | 493 | 1.25 | 5.00 | 3.91 | 0.699 |
| 程序公平感知 | 493 | 1.25 | 5.00 | 3.59 | 0.700 |
| 分配公平感知 | 493 | 1.00 | 5.00 | 3.32 | 0.746 |
| 总体公平感知 | 493 | 1.50 | 5.00 | 3.80 | 0.653 |

为检验上文提出的征收用途对公平感知的影响，我们进行了两类用途

的公平感知对比（见表7-26）。征收后土地用于传统意义上的公共用途，如公共基础设施、保障性用房建设，比用于商业开发，如商业中心建设、商品房建设，被征收人的公平感知度要高（前者在公平感知度在4分和5分上的比例高于后者），假设9成立。此结果验证了Cypher的研究结论：以经济发展为目的的征收会引发他们对于政府征收动机的怀疑，从而降低被征收人的公平感。

表 7-26 征收用途与意图公平交叉分析

| 征收用途 \ 公平感知 | | 1 | 2 | 3 | 4 | 5 | 合计 |
|---|---|---|---|---|---|---|---|
| 传统公共用途 | 频数 | 0 | 3 | 50 | 60 | 28 | 141 |
| 百分比（%） | 占征收用途 | 0.00 | 2.13 | 35.46 | 42.55 | 19.86 | 100.00 |
| 商业开发 | 频数 | 1 | 4 | 66 | 174 | 107 | 352 |
| 百分比（%） | 占征收用途 | 0.28 | 1.14 | 18.75 | 49.43 | 30.40 | 100.00 |

## 第七节　受偿意愿结构模型检验结果

### 一　受偿意愿二阶模型构建

由于构成功能满意度的五个潜变量之间相关系数在0.5以上，构成公平感知的三个潜变量之间相关系数也在0.8以上，说明可以有更高阶的共同因素存在。因此可以尝试采用二阶形式构建最后的结构模型。

根据理论模型假设以及因子分析结果，构建二阶结构模型如图7-9所示。

### 二　受偿意愿二阶模型估计

运用结构方程模型分析软件AMOS17.0，以493份有效问卷的数据为基础，对受偿意愿模型进行参数估计。结果显示，功能满意度对征收意愿无显著影响，公平感知对征收意愿无显著影响，其他假设成立。因此，需要将模型中关于征收意愿的影响因素再次进行检验（见表7-27）。

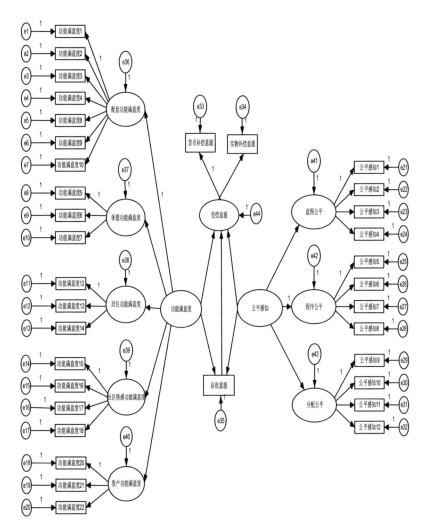

**图7-9　受偿意愿二阶模型假设**

表7-27　　　　　　　　　受偿意愿二阶模型参数估计结果

| 模型假设与影响路径 | 标准回归系数 | p值 | 假设是否成立 |
|---|---|---|---|
| H1：配套功能满意度←功能满意度 | 0.788*** | 0.000 | |
| 休憩功能满意度←功能满意度 | 0.508*** | 0.000 | |
| 居住功能满意度←功能满意度 | 0.456*** | 0.000 | 成立 |
| 社区情感功能满意度←功能满意度 | 0.728*** | 0.000 | |
| 资产功能满意度←功能满意度 | 0.846*** | 0.000 | |

续表

| 模型假设与影响路径 | 标准回归系数 | p 值 | 假设是否成立 |
|---|---|---|---|
| H2：功能满意度→受偿意愿 | 0.993 *** | 0.000 | 成立 |
| H10：功能满意度→征收意愿 | 0.066 | 0.611 | 否 |
| H5：意图公平←公平感知 | 0.909 *** | 0.000 | |
| 程序公平←公平感知 | 0.983 *** | 0.000 | 成立 |
| 分配公平←公平感知 | 0.938 *** | 0.000 | |
| H6：公平感知→受偿意愿 | -0.878 *** | 0.000 | 成立 |
| H7：公平感知→征收意愿 | 0.126 | 0.317 | 否 |
| H8：征收意愿→受偿意愿 | -0.104 * | 0.080 | 成立 |

注：*** 表示 p<0.01，* 表示 p<0.1。

我们通过对不显著的路径——删除，比较模型的变化来检验功能满意度与公平感知是否对征收意愿真的不具有显著影响（见表7-28）。结果发现，当删除公平感知对征收意愿的影响路径时（模型1），功能满意度对征收意愿的影响不显著，该假设不成立。当删除功能满意度对征收意愿的影响路径时（模型2），其余4个路径的假设均成立，说明公平感知对征收意愿有显著影响，是因为功能满意度对征收意愿的错误路径导致了模型估计的错误。

**表 7-28**　　　　　　　　　　**模型修正与结果对比**

| 模型假设与影响路径 | 模型 1 | | | 模型 2 | | |
|---|---|---|---|---|---|---|
| | 标准回归系数 | p 值 | 假设是否成立 | 标准回归系数 | p 值 | 假设是否成立 |
| H10：GNMY→ZSYY | -0.182 | 0.117 | 不成立 | / | / | 除去 |
| H7：GPGZ→ZSYY | / | / | 除去 | 0.185 *** | 0.000 | 成立 |
| H2：GNMY→SCYY | 0.922 | 0.000 | 成立 | 0.997 *** | 0.000 | 成立 |
| H6：GPGZ→SCYY | -0.814 | 0.000 | 成立 | -0.883 *** | 0.000 | 成立 |
| H8：ZSYY→SCYY | 0.087 | 0.000 | 成立 | -0.115 * | 0.039 | 成立 |

注：GNMY 代表功能满意度；ZSYY 代表征收意愿；GPGZ 代表公平感知；SCYY 代表受偿意愿。

模型修正对功能满意度的测量模型部分没有影响，在此不再赘述。*** 表示 p<0.01，* 表示 p<0.1。

从绝对拟合度指标看，除 $X^2$ 值不理想外，二阶结构模型的 $X^2/df$ 小于3，RMSEA 小于0.08，GFI 大于0.9；从相对拟合度指标来看，CFI、TLI

大于 0.9；从调整拟合度指标来看，PGFI、PCFI 大于 0.5，皆符合结构模型的拟合度标准。综合来看，受偿意愿二阶模型 2 拟合效果好（见表 7-29）。

表 7-29　　　　　　　　　受偿意愿二阶模型拟合度指标

| 拟合指标 | χ² | χ²/df | RMSEA | GFI | CFI | TLI | PGFI | PCFI |
|---|---|---|---|---|---|---|---|---|
| 二阶模型 | p=0.000 | 2.866 | 0.065 | 0.926 | 0.915 | 0.904 | 0.713 | 0.782 |

　　综上分析表明，假设 1、假设 2、假设 6、假设 7、假设 8 成立，假设 10 不成立。

　　（1）配套功能满意度、休憩功能满意度、居住功能满意度、社区情感功能满意度、资产功能满意度构成被征收人对住宅的功能满意度的内在潜变量；

　　（2）被征收人对拟征收住宅的功能满意度越高，他们的受偿意愿也越高；

　　（3）被征收人在征收中或者以往经验中感知到的公平度越高，受偿意愿越低；

　　（4）公平感知度还会通过征收意愿影响受偿意愿，公平感知度越高，越愿意被征收，受偿意愿也越高；

　　（5）被征收人对拟征收住宅的功能满意度并不一定会影响征收意愿。

路径关系图 7-10 所示：

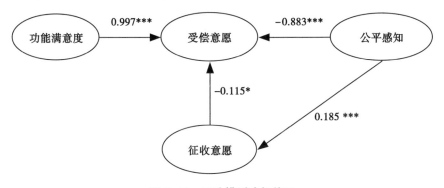

图 7-10　二阶模型路径关系

注：*** 表示 p<0.01，* 表示 p<0.1。

对结果的讨论见下一章内容。

### 三　受偿意愿一阶模型构建

二阶结构模型所得出的结论是将被征收人对住宅的五大功能满意度和征收过程中的公平感知三大维度作为初阶因素，分别聚合成功能满意度与公平感知进行估算的结果，是整体上对 4 个概念之间关系的一个认识。将多个初阶因素聚合成高阶因素后的后果除了将模型简洁化外，同时也消减了各个初阶因素的特性。因此要考察住宅所承载的功能中哪类功能的满意度对受偿意愿影响最大，征收中的哪类公平对征收意愿影响最大，需要用一阶模型来进行分析（见图 7-11）。

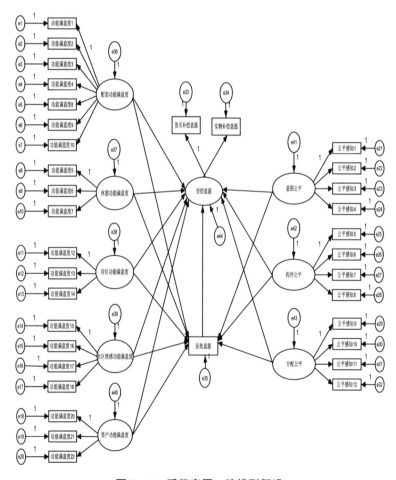

**图 7-11　受偿意愿一阶模型假设**

## 四　受偿意愿一阶模型估计

用 AMOS 对假设的受偿意愿一阶模型进行参数估计，结果显示（见表 7-30，原始模型）配套功能满意度、休憩功能满意度、社区情感功能满意度、资产功能满意度、分配公平这五个潜变量对征收意愿关系不显著；居住功能、意图公平、程序公平这三个潜变量对受偿意愿关系不显著。将不显著的路径一一删去，观察模型结果的变化。多轮试算后发现将不显著的路径都删去才能保证模型各个路径参数的显著性。调整后的模型参数估计结果显示（见表 7-30，调整后模型），原始模型中显著的路径依然显著且系数符号不变，只是标准化路径系数的数值有所变动。模型调整后的路径关系与标准回归系数如图 7-12 所示：

表 7-30　　　　　　　　　受偿意愿一阶模型参数估价结果

| 模型假设与影响路径 | 原始模型 | | | 调整后模型 | | |
|---|---|---|---|---|---|---|
| | 标准回归系数 | p 值 | 假设是否成立 | 标准回归系数 | p 值 | 假设是否成立 |
| PTGN→ZSYY | 0.211 *** | 0.000 | 否 | \ \ | \ \ | 除去 |
| XQGN→ZSYY | 0.045 | 0.356 | 否 | \ \ | \ \ | 除去 |
| JZGN→ZSYY | -0.155 ** | 0.003 | 成立 | -0.136 ** | 0.010 | 成立 |
| SQQG→ZSYY | -0.019 | 0.693 | 否 | \ \ | \ \ | 除去 |
| ZCGN→ZSYY | -0.056 | 0.254 | 否 | \ \ | \ \ | 除去 |
| YTGP→ZSYY | 0.252 *** | 0.000 | 成立 | 0.268 *** | 0.000 | 成立 |
| CXGP→ZSYY | 0.020 * | 0.035 | 成立 | 0.029 * | 0.043 | 成立 |
| FPGP→ZSYY | -0.079 | 0.683 | 否 | \ \ | \ \ | 除去 |
| PTGN→SCYY | 0.206 *** | 0.000 | 成立 | 0.207 *** | 0.000 | 成立 |
| XQGN→SCYY | 0.198 *** | 0.000 | 成立 | 0.206 *** | 0.000 | 成立 |
| JZGN→SCYY | -0.032 | 0.578 | 否 | \ \ | \ \ | 除去 |
| SQQG→SCYY | 0.152 ** | 0.008 | 成立 | 0.150 ** | 0.009 | 成立 |
| ZCGN→SCYY | 0.341 *** | 0.000 | 成立 | 0.329 *** | 0.000 | 成立 |
| YTGP→SCYY | -0.094 | 0.095 | 否 | \ \ | \ \ | 除去 |
| CXGP→SCYY | 0.083 | 0.129 | 否 | \ \ | \ \ | 除去 |
| FPGP→SCYY | -0.354 *** | 0.000 | 成立 | -0.358 *** | 0.000 | 成立 |

续表

| 模型假设与影响路径 | 原始模型 | | | 调整后模型 | | |
|---|---|---|---|---|---|---|
| | 标准回归系数 | p 值 | 假设是否成立 | 标准回归系数 | p 值 | 假设是否成立 |
| ZSYY→SCYY | -0.099* | 0.049 | 成立 | -0.094* | 0.050 | 成立 |

注：PTGN 代表配套功能满意度，XQGN 代表休憩功能满意度，JZGN 代表居住功能满意度，SQQG 代表社区情感功能满意度，ZCGN 代表资产功能满意度，YTGP 代表意图公平，CXGP 代表程序公平，FPGP 代表分配公平，ZSYY 代表征收意愿，SCYY 代表受偿意愿。

*** 表示 p<0.01，* 表示 p<0.1。

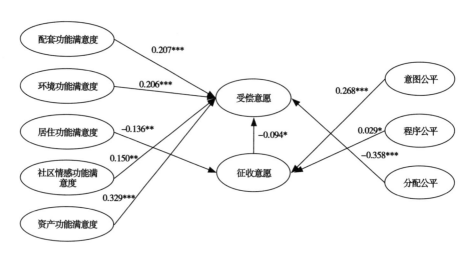

图 7-12　一阶模型路径

注：*** 表示 p<0.01，** 表示 p<0.05，* 表示 p<0.1。

从绝对拟合度指标看（见表 7-31），除 $\chi^2$ 值不理想外，二阶结构模型的 $\chi^2/df$ 小于 5，RMSEA 小于 0.08，GFI 大于 0.9；从相对拟合度指标来看，CFI 大于 0.9、TLI 接近 0.9（由于拟合度标准是经验值，一般情况下，大于 0.8 都是可以接受的）；从调整拟合度指标来看，PGFI、PCFI 大于 0.5。综合来看，受偿意愿二阶模型 2 拟合效果比较好。

表 7-31　　　　　　　　　受偿意愿一阶模型拟合度指标

| 拟合指标 | $\chi^2$ | $\chi^2/df$ | RMSEA | GFI | CFI | TLI | PGFI | PCFI |
|---|---|---|---|---|---|---|---|---|
| 因子测量 | p=0.000 | 3.154 | 0.070 | 0.918 | 0.925 | 0.889 | 0.689 | 0.748 |

从一阶结构模型的估计得出以下结果：

（1）在住宅所承载的五大功能中，资产功能对被征收人的受偿意愿影响最大，其次是配套功能和环境功能，影响较小的是社区情感功能，它们都对受偿意愿具有正向的影响。

（2）居住功能满意度并不会直接影响受偿意愿，而是通过征收意愿间接影响受偿意愿。

（3）在征收的三大公平维度中，意图公平感知对征收意愿影响最大，具有非常显著的正向影响；程序公平对征收意愿具有较为显著的但是非常弱的正影响；公平偏好对征收意愿的影响会间接影响到受偿意愿。

（4）分配公平对征收意愿没有显著影响，但是对受偿意愿具有非常显著的正向影响。

对结果的讨论见下一章内容。

# 第八章 基于行为经济学解释的
# 征收决策特征及启示

## 第一节 基于行为经济学解释的被征收人决策特征

通过被征收住宅的价值构成与公平市场价值内涵的对比，发现市场价值作为补偿依据并不能形成对被征收人的完全补偿。以完全补偿为原则，将征收所涉及的房屋价值从征收前后为时点进行梳理，其应然价值包括被征收前的客观价值、征收前的主观价值、征收带来的价值影响和被征收者交易成本。《国有土地上房屋征收与补偿条例》中规定"对被征收房屋价值的补偿，不得低于房屋征收决定公告之日被征收房屋类似房地产的市场价格"，市场价格作为补偿下限只对房屋客观价值和部分交易成本进行补偿，并未将被征收者的主观价值和征收导致的增值予以补偿，也未对征收导致的权利剥夺进行补偿。

本书用行为经济学中的禀赋效应理论与公平偏好理论为解释框架，构建旧城改造中住宅被征收人的受偿意愿模型，并进而解释受偿意愿高于市场价值的影响因素。由于禀赋效应来源于对所拥有物品赋予的特殊情感，因此我们尝试用阿马蒂亚·森的可行能力理论为基础设计功能满意度测量量表，解释被征收人的主观价值来源于哪些方面的功能效用。另外，虽然被征收人在征收中处于被动的地位，但是他们会通过对征收的支持态度和补偿要价形成对征收的"奖罚"和控制。我们通过征收实践与公平偏好相关理论设计了公平感知量表，验证被征收人对征收的公平感知是否会影响补偿意愿与受偿意愿。

以湖北省黄石市三大区列入旧城改造范围的 23 个国有土地性质的社区居民为调查对象，共收集有效问卷 493 份。探索性因子分析和验证性因子分析显示，旧城改造社区的被征收人对住宅的功能满意度可以分为配套功能满意度、休憩功能满意度、居住功能满意度、社区情感功能满意度和资产功能满意度五个维度。住宅征收中的公平感知可以分为意图公平感知、过程公平感知与结果公平感知三个维度。采用结构方程模型对受偿意愿模型进行验证，得出如下重要结论：

1. 用于自住的住宅存在禀赋效应，因此市价补偿并不能满足被征收人的受偿意愿。

从受偿意愿调查统计来看，90%以上被征收者的受偿意愿都高于同地段同类商品房的市场价值，并且以高于市场价格20%左右为主流。该数据证实了住宅禀赋效应的存在。住宅作为典型的人格财产，具有不可替代性，特别是旧城改造中的住宅，长年居住，被赋予了特殊的情感，由此其所有权人会形成损失厌恶。他/她对失去住宅所带来的痛苦或不快通常要比获得同样的住宅带来的快乐要大，受偿意愿就会高于同类商品房的市场价值。

按照住宅用途对受偿意愿进行对比后发现，自住与自住兼投资的住宅其受偿意愿大于同地段同类商品房价格100%，单纯用于出租的住宅其受偿意愿低于同地段同类商品房价格100%，该结论验证了禀赋效应只在为自己使用的物品上出现。

2. 被征收人对该住宅所承载功能的满意度对受偿意愿具有正向的影响，是对征收前被征收人福利水平的弥补诉求。

从福利经济学理论来看，住宅被赋予的特殊情感实际上是住宅对其所有权人的效用。借用森的可行能力理论，该效用可以用住宅所有权人对该住宅所承载功能的满意度来测量。受偿意愿二阶模型验证了功能满意度越高，受偿意愿也越高，即禀赋效应表现得越强烈。因此在征收补偿估价中要考虑拟征收住宅对每个被征收人所带来的效用。在补偿方案的制定中也要考虑被征收人多样化的功能需求，提供多个方案供选择。

具体来讲：

（1）旧城改造中住宅的资产增值功能是影响受偿意愿的最重要因素，由此反映了被征收人对土地发展权的享有诉求。区位是影响房地产价值的最重要因素，并且旧城改造中的住宅多处于老城区，增值潜力大，因此该住宅所具有的资产功能成为影响受偿意愿的最主要因素。由于国有土地上住宅的土地发展权属于国家，从理论上说对被征收住宅的补偿并不会涉及土地用途改变、容积率提高所引起的土地增值。以征收公告日作为估价时点的补偿价格估算也并不会将征收后未来几年内建设项目对区域土地价值的增值部分计入在内。但是实证研究发现，被征收人非常注重住宅作为资产的增值权利，五大功能中资产功能是影响受偿意愿的最重要因素，这体现了被征收人有对土地发展权的享有诉求，未来增值预期越大的被征收住宅，其所有权人的受偿意愿越高。

（2）原有住宅的配套设施和绿化环境决定了被征收人在征收前的发展机会和生活品质，是受偿意愿的重要影响因素。良好的教育资源、充足的就业机会、宜人的环境以及医疗、购物、交通等生活配套设施的便利性构成了该住宅为居住在此的居民提供的多种可行能力，决定了他们的生活品质，更重要的是提供了旧城居民充足的发展机会。身处旧城老社区的居民，本身就可能因为教育水平和个人能力不能改善自己的居住条件，但是充足的就业机会和良好的教育条件可以保证他/她能通过劳动与教育改善自身和下一代的处境。因此，安置房不能边缘化、郊区化，而需要就地就近选址，或者充分考虑以上生活设施、教育设施的提供和宜人环境的创造，并为居民提供更多就业机会。

（3）旧城改造社区中邻里间的情感依附是被征收人所珍视的住宅价值的一部分。传统的房地产价值理论并没有涉及所在社区的情感性因素。本书实证研究表明，被征收人对社区的归属感、信任感、安全感等所构成的社区情感功能是影响受偿意愿的因素之一。社会学研究表明，这种情感会逐渐形成一个社区的社会资本，它就如纽带把社区成员彼此团结一起，可促进社会建立起普遍主义的信任模式，创造一种信任、互惠合作的人文环境，并且它可以使社区居民零散的呼声变成团体诉求，自下而上推进着社区管理制度的完善。因此在对老社区进行征收补偿时，要考虑社区邻里情感的存续和发展，并可以利用此功能推进征收。

3. 被征收人公平感知会直接影响受偿意愿或者间接通过征收意愿影响受偿意愿。被征收人认为在征收中得到了公平的对待，那么就会对征收采取支持的态度，他们的受偿意愿就会相对理性；如果被征收人认为受到了不公平对待，他们就会提出较高的补偿意愿。

具体来说：

（1）征收目的的公共利益性会影响被征收人对征收项目的意图公平感知，从而影响征收意愿与受偿意愿。虽然以经济发展为目的的征收是否属于"公共利益"范畴，无论学术界还是司法界都有争论。实证结果表明，征收后土地用于传统意义上的公共用途（如公共基础设施、保障性用房建设）比用于经济发展需要（如商业中心建设、产业园区建设）被征收人的公平感知度高，因此征收意愿高、受偿意愿也高。这印证了互惠公平理论在征收中的存在：被征收人对征收用途是否属于公共利益的判断会引发他们对于政府征收动机的怀疑，从而影响在征收中呈现的支持或对立态度。可见，被征收人会对公共利益性进行"判决"。

（2）被征收人虽然没有征收决策权，但是征收过程是否给了被征收人"发声权"，将会影响其征收意愿与受偿意愿。中国的房屋征收补偿制度在征收前提与补偿方式上已经趋同于美国等发达国家，但是从征收程序看，公众参与度低，裁决机构缺乏独立性。实践中，征收人会青睐于"暗箱操作"，希望借此减少阻碍，缩短时间。实证研究表明，被征收人对征收的程序公平感知会对征收意愿产生正向影响，对受偿意愿产生负向影响。也就是说，程序公平与否将会影响被征收人对征收的支持度，如果没有向被征收人提供征收决策或补偿决策的话语权，并且没有将征收相关信息知会被征收人，他们会降低征收意愿，且要求更高的补偿价格。这个结果是与征收人的初衷相违背的。因此，对程序公平的推进将是未来房屋征收补偿制度的重点。

（3）被征收人在征收前对分配公平的经验感知将会影响其受偿意愿，但不影响征收意愿。分配公平不单指征收前后的福利水平不变，还包括被征收人之间的一视同仁。既要做到以"人"为中心的补偿，又要保证禁得起人际比较，需要制定补偿办法的细则，做到有法可依。本调查是在征收补偿结果尚未公布之前进行的，对补偿结果的公平感知是根据媒体宣传、社会舆论等经验而来。因此，间接感知到的分配结果公平与否不会影响到本人实际的征收意愿，但还是会遵循公平偏好理论，通过受偿意愿的高低表现出对征收者的奖惩。

本研究有四个重要的假设验证不成立，我们的解读如下：

（1）功能满意度对征收意愿不具有显著影响的原因可能在于：与美国等土地私有制国家不同，中国房地分离的所有权体制，使得危旧房的房屋所有权人只有通过再购买或置换来改善居住品质，不会因为情感依附高而失去改善的机会。因此，情感依附不会影响征收意愿，而是通过受偿意愿表现出来。

（2）居住功能对征收意愿影响显著但对受偿意愿影响不显著的原因可能在于：由于旧城改造中的住宅大多物质状况老旧，居住条件差，在居住功能这一效用上差异性不大，并不会影响它的所有权人对该住宅的价值判断，但是居住功能的好坏是所有权人是否愿意通过征收改善居住条件的重要因素。

（3）被征收人的意图公平、过程公平感知对受偿意愿不具有显著直接影响的原因可能在于：一旦被征收人怀疑政府启动征收的意图，更直接地表现为同意或不同意征收，所报出的补偿意愿不具有理性。

（4）情感依附与居住时间并不是正相关关系而是以 20 年为拐点的 V 形关系，原因可能在于：20 这个年限与中国通常的家庭生命周期不谋而合，20 年间，从成家立业到儿女独立；从忙碌于家庭、工作，对社区情感依附并不在意，到空巢时期，邻里相互慰藉，甚于家人。这与 Nadler、Diamond 的研究结果并不矛盾，因为他们采用了居住 2 年和 100 年组的数据进行对比。

## 第二节　价值评价体系差异是征收冲突发生的认知根源

上文实证研究表明，住宅作为典型的人格财产，具有不可替代性，其所有权人会形成损失厌恶。他/她对失去住宅所带来的痛苦或不快通常要比获得同样的住宅带来的快乐要大，受偿意愿就会高于同类商品房的市场价值，即禀赋效应。

与之相反，政府对于所征收财产的价值通行的按市场价值给予补偿，并没有考虑被征收人的主观价值，因此，政府会无效率地继续扩大征收规模，这种现象被称为"财政幻觉"。"财政幻觉"来源于：一是政府感受到的房屋价值低于真正的价值；二是由于没有感受到所征房屋的真实价值，导致征收规模大于帕累托最优下的规模（见图 8-1）。

若 $0 \leqslant WTP \leqslant WTA$，即使政府按"公平市场价值"给予补偿，这种对所征收财产的认知差异在特定制度安排下也会转化为激烈的利益冲突。

禀赋效应与"财政幻觉"之间存在关联性，二者都是房屋拥有者和房屋征收者对同一对象的两种不同的价值认知方式。如果将"要价"界定为房屋拥有者的主观价值，而将"出价"界定为征收者征收财产时的补偿标准（公平的市场价值），那么禀赋效应和财政幻觉就可以用"出

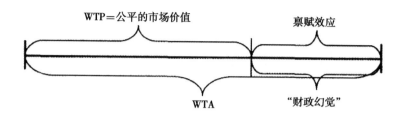

**图 8-1　禀赋效应与"财政幻觉"**

价—要价的差额"进行描述，即在房屋拥有者来看，禀赋效应表现为要价大于出价；在房屋征收者看来，"财政幻觉"表现为出价小于要价。因此，禀赋效应和"财政幻觉"可以理解为是指向同一财产的两种相反的价值认知模式。其中包含着情绪冲突的可能。

## 第三节　公平偏好行为特征破解了征收中公平与效率的对立性

如何权衡公平与效率问题，一直是经济发展中公共政策制定与执行的难题。比如，在因旧城改造需要的房屋征收补偿中，如果要追求程序公正、补偿公平，表面上看起来会延长征收时间、提高征收成本，从而影响旧城改造项目的实施。然而，以上实证研究表明，提高被征收人的公平感知会降低被征收人对立感，提高征收意愿，降低受偿意愿，从而有利于征收的高效完成。由此可见，公平并不一定与效率对立，而是相互促进的。提高房屋征收补偿制度实施的意图公平、程序公平、分配公平反而能提高征收的支持率，缩短谈判的时间，降低补偿要价。

# 第九章　房屋征收补偿政策建议

## 第一节　构建补偿、补助、奖励多维立体的补偿政策

### 一　基于合理性的征收补助目标

以人为本是科学发展观的核心，是中国共产党领导下的人民政府全心全意为人民服务的根本宗旨。以人为本的理念要求在大力发展经济的同时，更多地关注人民群众的需要和利益。忽视甚至损害人民群众需要和利益交换而来的高增长是背离发展目标的，发展要以人为本，不能"见物不见人"。

征收人对房屋的征收取得的是被征收人在一定空间的居住权。按照被征收房屋价值的补偿，对于生活困难的家庭来说是远远买不到一处可以安身的住所的。因此各类针对生活困难家庭和小户型的补助政策应运而出。补助政策体现了我国社会主义国家以人为本的理念。

房屋是居民最基本的生活资料，是人民群主利益最基本、最重要、最直接的表现。要想在房屋征收工作中贯彻以人为本的理念，就要把对百姓利益的保障作为最高价值诉求。把老百姓的利益放在首位，切实关注到与老百姓利益相关的方方面面。居住是房屋最基本的功能。房屋作为现代城市居民生活的载体还承担着许多其他的功能。家是最基本的社会单元，自古以来中华民族以家庭为单位形成了强大的凝聚力。房屋在为城市居民提供遮风避雨之处以外，往往还是维系家庭感情的纽带，是维系代际沟通的桥梁。同时，中国地方还存在着社区概念，在一个地方住久了，往往邻里之间就生出感情，俗话说"远亲不如近邻"。正是因为房屋有着如此多的功能，征收工作中所面对的被征收人的情况又是千差万别，因此设立房屋征收补助才显得十分有必要。如果说补偿是为了解决征收工作中的普遍矛

盾而设立，补助则是针对征收工作中的特别性而设立的。征收补助的设立能够更好地、精准地解决征收工作中的个性问题，面对被征收人的不同需求，保障被征收人的利益，从而更好地贯彻以人为本的执政理念。

## 二 基于效率原则的征收奖励目标

房屋征收是以公共利益为目的的政府行为，前期投资大，时间成本高。而被征收人可能会以拖延作为手段与政府进行博弈。

综上所述，房屋征收工作随着时间的增加，房屋征收的资金成本、人力成本、开发商的机会成本、风险成本也相应提高。因征收人与被征收人之间博弈而导致征收项目停滞不前会提高征收成本以及增加征收过程中的不确定因素，这对于征收项目的顺利完成以及后续项目的跟进会产生消极影响。因此，作为征收主体的征收人所期望的是在一定的时间范围内保质保量地完成征收工作，这个时间范围一般在9—12个月。怎样才能加快征收工作的推进，提高征收效率，节约交易成本？一般来说，运用激励机制设置奖励，以先进带后进的方法是行之有效的。因为这符合一般人的思考模式，在一个集体中人们总是趋向于做出更有利于自己的选择，奖励与补偿、补助最大的不同之处在于奖励不是一种普适性的设置，奖励的目的在于对群体中符合奖励条件的客体给予或物质或精神上的满足，此种设置一方面来说是一种肯定、鼓励，另一方面来说是对于其他行为人的诱导。合理运用激励机制，通过奖励来激发、引导被征收人的行为，是非常有必要的。通过精神奖励、物质奖励、荣誉奖励的方式诱导被征收人行为选择，在被征收人范围内形成全局观念、长远观念、集体观念，从而形成良性循环，推动征收项目顺利实施。

## 三 征收补偿政策框架建议

住宅所有权人对拟征收住宅存在禀赋效应。对住宅所承载功能的效用评价决定了他们对住宅的主观价值。因此，在货币补偿中应在市场价格之上考虑住宅作为人格财产的主观价值。秉持以人为本的理念，由征收补偿、征收补助、征收奖励等补偿方式，辅之以保障性住房政策，城市低保政策，可以构建起立体的、多元的、全面的征收补偿机制。

（一）征收补助

建议征收补助应由针对被征收人生活福利水平保障的相关补助、功能性补助、引导类补助三大类构成。

有关被征收人生活福利水平的补助可以涵盖以下类别：

（1）困难补助。困难补助是给予生活困难的被征收人适当的补助，困难补助的标准由各区人民政府制定，设定此类补助是基于房屋征收过程中，部分被征收人存在生活困难及其他特定的困难，房屋征收给这部分被征收人的正常生活带来了一定的影响，政府额外给予一定的补助，弥补对其产生的影响。

（2）保底补助。由于被征收房屋一般为老旧危房集中区域，时间久远，所以存在一些面积特别小的户型。在征收过程中，对于这一类人群可以设定保底补偿标准以利于搬迁后能够满足基本生活需要。

有关功能类补助可以涵盖以下类别：

（1）建筑面积补助。建筑面积补助的设置主要是弥补被征收房屋与产权调换房屋公摊系数差异，被征收房屋多为 6 层以下老旧砖混结构房屋，公摊系数为 5%—8%，而产权调换房屋公摊系数多为 15%—20%，公摊系数的计算方式为：公摊系数＝公摊面积/套内建筑面积。产权调换后房屋按照建筑面积 12% 的标准予以补助，相当于 15% 的公摊系数给予补助，能较好地弥补新旧房屋公摊系数差异。

（2）住改商补助。对于以被征收房屋为注册地办理了工商营业执照的住宅改商业门面，对其实际经营部分可以商业门面与住宅房屋市场评估价差的 50% 给予补助。住改商补助设置的主要目的是考虑到部分被征收人依靠住改商房屋作为生活经济来源，并且有客观的改造、经营成本投入，如果只按照住宅房屋补偿，会造成被征收人一定的经济损失。

有关引导类补助可以涵盖以下类别：

（1）货币化补助。货币补助的设置主要基于两个方面。一是鼓励被征收人选择货币补偿的方式；二是适当缩小被征收房屋评估价格与周边商品房价格的差距。从实践来看，征收项目一般位于城市中心地段，周边建筑密集，用地紧张，货币补助对于引导被征收人理性选择补偿方式，提高受偿标准有一定益处，对于征收工作的顺利开展也起到了一定的促进作用。

（二）征收奖励

征收奖励的设置应当以明确奖励对象为前提，征收奖励是针对积极配合征收工作的被征收人所做出的奖励，其目的在于通过典型榜样的鼓励、示范、带动作用引导被征收人行为。目前，部分城市同时设置签约奖励与搬迁奖励，两项奖励在性质、目的等方面具有一致性，应当合并签约奖与搬迁奖为签约搬迁奖，避免对于同一事项的重复奖励。

**表 9-1** 补助、奖励类别设置

| | 福利水平改善 | 困难补助 |
|---|---|---|
| 征收补助 | 功能类 | 保底补助 |
| | | 建筑面积补助 |
| | 引导类 | 住改商补助 |
| | | 货币化补助 |
| 征收奖励 | 签约搬迁奖励 | |

## 第二节　因地制宜制定征收补偿标准

### 一　不同城市根据其经济发展水平不同制定不同的征收补偿标准

综合分析全国 43 个市、县调研结果，不同城市因为其经济发展水平不同，征收补偿标准差异较大，所以，在制定具体征收补偿标准时也根据实际情况具体分析。

对于存在大量征收项目的城市，在制定征收补偿标准时，应当结合类似商品房市场价格水平，辅之以完善的补助与奖励政策，平衡好征收成本与征收效率之间的关系；对于有一定财政实力和安置房用地的城市，应当鼓励提供充足的安置房源，通过实物补偿保障被征收人的权利；对于城市内部存量土地潜力不足，征收项目较少的城市而言，可以适当提高征收补偿标准，使之与被征收人所损失的价值相当，也便于被征收人在市场上购买新房。具体操作建议如下（见表9-2）。

第一类，征收补偿费方面，参照被征收房屋周边二手房价格对被征收房屋价值进行评估以确定征收补偿费的标准，同时，配套以临时安置费、搬迁费；征收补助方面，围绕被征收人生活福利水平的提高针对性地设立一系列补助；征收奖励方面，设置签约搬迁奖励。综合征收补偿费、补助、奖励后的补偿金额在城市非中心区域可以接近或达到新建商品房的价格。

第二类，征收补偿费方面，虽然参照被征收房屋周边二手房价格对被征收房屋价值进行评估，但是评估结果一般要略低于周边地区二手房的价格。通过征收补助和征收奖励的形式适当提高综合补偿金额。最后被征收人得到的综合补偿金额与被征收房屋周边地区二手房价格持平。

第三类，参照被征收房屋周边新建商品房价格给予较高的征收补偿费，同时，还可能给予一定的征收补助与征收奖励。综合补偿金额能够支撑被征收人购买类似地区新建商品房。

表9-2　　　　　　　　　　　三类别城市征收补偿特征

| 补偿标准 | 优势 | 劣势 | 适用类型 |
| --- | --- | --- | --- |
| 略高于二手房 | 补偿全面、符合被征收人补偿意愿 | 需要完善的征收补偿标准作为支撑 | 大多数城市 |
| 严格按二手房 | 标准明确、具体操作过程中分歧少 | 需要大量可供调换的房源 | 可供置换房源多的城市 |
| 按照新建商品房 | 补偿标准高 | 征收成本较高 | 城市建设趋近饱和，征收项目不多 |

## 二　同一城市根据不同区位条件制定补偿政策

通过对武汉市各区被征收房屋评估价格与周边地区新建商品房价格关系的分析可以看出以下特征：首先，以被征收房屋价值评估结果为基准，周边新建商品房价普遍高于被征收房屋价值10%—30%，部分地区可超过50%；其次，各区商品房价格存在较大差异，商品房价格越高的地区，被征收房屋评估价值与周边地区商品房价格的差距越大。报告还采用Hedonic模型法研究房屋结构、邻里特征、区位条件共14个特征价格变量对于评估价格的影响情况，得到距交通站点距离、交通站线路、轨道交通等区位条件对于房屋评估价格的影响较为显著。

以上关于被征收房屋评估价与周边地区新建商品房关系区域价差的规律为城市内部根据区位差异制定不同标准的补偿奖励政策提供了依据。每个城市可以参考基准地价定级办法对城市房屋征收补偿标准进行分等定级。不同等级的区位采用不同的补助奖励标准。

## 第三节 尊重被征收人邻里情感，提供就地就近安置方案

上文实证研究结果显示，被征收住宅所承载的多维效用除了居住功能外，还包括：资产功能、配套功能、休憩功能、社区情感功能等方面。这些方面综合来看，都是由住宅的区位因素所决定。因此，应该鼓励就地就近安置，为被征收人提供多区域的选择。

（1）提供多样化安置方案。调查表明，多数人倾向于就地或就近房屋置换的补偿方式，以减少对工作学习生活的影响，维系享有未来区域增值收益的发展权。征收房屋之于被征收人的效用是多方面的。要达成相对完全的补偿，需要提供多套安置方案供选择，包括地段的差异、社区类型的差异、楼层的差异等方面，赋予被征收人选择权。

（2）根据被征收人的居住年限提高补偿标准。被征收人的征收补偿意愿统计分析结果也为地方政府制定补偿方案提供了启示：大部分被征收人对房屋的补偿意愿都高于同类商品房的市场价格，市价的 20% 是多数被征收人的主观价值增额，其中包括对房屋以及所在社区、区域的特殊偏好，和长久形成的对房屋和邻里的情感依附。在补偿价值估算上，可以将居住年限列为估价因素，以尊重长期居住形成的主观价值增额。

## 第四节 规范征收程序，赋予公众知情权、发声权

公平偏好在征收中的成立，显示公平不一定与效率相对立，反而能提高征收的支持率，缩短谈判的时间，降低补偿要价。因此，规范征收前提，征收程序，赋予公众知情权、发声权，有利于提高被征收人的支持率，推进项目进行。基于我国房屋征收制度的现状，及被征收人对征收公平感知的敏感点来看，可从以下几方面完善征收程序：

（1）区别对待公益性事业需要与经济发展需要的征收。我国今后的 10—20 年仍处于工业化、城市化快速发展期，如果只将公益性事业建设作为公共利益下的征收范围，可能不利于各方面发展的平衡。被征收人对待公益性事业需要与经济发展需要的征收受偿意愿不同。因此，在开发模式和补偿办法上可以有所区别。对待经济发展需要的征收，虽然具有强制

性，但是在开发模式上可以采取与社区合作开发的模式。经过土地重新规划整理后，政府取得所需的土地进行建设，被征收人获得该得的一定数量的土地使用权并可以以社区为单位委托开发商进行规划设计与开发。这样既保证了被征收人对该片土地升值潜力的享有权，又能满足被征收人对房屋设计的要求，存续社区情感。

另外，在舆论宣传上，突出征收的公共利益性宣传，弱化区域的商业价值炒作。旧城改造的目的一方面是对危旧房屋的改造，提升旧城居民的居住状况、更新城市形象；另一方面是通过旧城空间功能的提升，促进城市经济发展。从城市全局来看，这两方面都属于公共利益范畴，但是地方政府为了招商引资往往会提前对区域前景进行过度炒作，导致的后果是被征收人认为是在商业利益驱使下对他们的房屋进行的征收，从而降低征收意愿或者坐地起价。因此，在征收工作完成前政府应该重点将危旧房改造、区域功能完善、就业岗位的提供等公共利益作为主要的宣传点。

（2）设立协议价购作为征收的前置程序。征收是取得土地的最后手段而非优先手段。法律应当将协议价购作为申请征收的必要前置程序。征收人必须首先与房屋所有权人进行协商，尝试用购买的方式获取土地使用权。只有当协商无法取得一致，用地者才能申请政府进行征收。这样在一定程度上可以缓和财产权保障与国家征收权之强制力间的冲突，有利于实现社会和谐，避免因征地权之单向强制性而引发的社会冲突。

（3）建立征收决策前的听证会制度。《新条例》中规定在符合公共利益的前提下由市、县级人民政府作出房屋征收决定，只有当补偿方案出台后才会将征收与补偿决定告示被征收人，听取公众意见。这种将被征地者表达意见和利益诉求后置的做法，造成政府的征收决策缺乏有效约束，容易形成政府与被征收人的对立。听证会制度是采用民主的形式，赋予了当事人和利益相关者征收项目的决定权和利益表达权。征收申请之后，由地方人大或其常委会组织听证会，按规定数目和比例的被征收人代表、征收人代表及其他利益相关者出席。听证之后，由人大常委会对征收目的是否符合法律要求做出判断并决定是否许可。对于大规模的征收项目，应该由地方人大进行许可。

（4）提高征收补偿方案的公众参与度。《新条例》对补偿方案的意见征求方式、召开听证会的前提和听证会的人员组成并没有详细规定。建议各地市在具体实行办法中首先将被征收人的补偿意愿和办法纳入征收预调查内容，广泛听取被征收人对补偿的要求和建议，集中被征收人的意见建议制定补偿办法；其次，将补偿方案公示并召开听证会，将听证会的参与人选组成比例、选择办法用条文固定下来。

（5）建立独立的司法救济渠道。在我国，行政复议和行政诉讼的司法救济的裁决者不具备独立性，并不是有效的司法救济渠道。当个人投诉无门的情况下，就会转向私力救济——抗争。在美国，法院是独立于行政的审判机关，因此不具有参考性。为提供有效而独立的司法救济渠道，可以参考日本模式，由专业人士和有影响的社会贤达组成的独立于政府的征收委员会作为裁决者，确保裁决机构能够真正独立运作，而不依赖于地方政府提供资源。

（6）建立与被征收人的长效沟通机制。政府作为征收主体要避免发出自上而下的命令性指令。在征收启动后，借助基层组织的力量，采用网络、公告、咨询窗口等多种渠道，建立与被征收人的长效沟通机制，赋予被征收人知情权。沟通机制的建立不仅起到上传下达的作用，更是被征收人意见的收集与反映渠道。

（7）补偿结果的公开透明化。为避免产生人际比较的不公平感知，需要将补偿方式的计算方法透明化、将补偿结果公开化。对于个别需要特殊照顾的群体，要制定详细的补助政策，做到补偿有规可循。

# 附录 1　房屋征收补偿政策调查提纲

## 一　征收补偿管理方式

目前，征收补偿政策管理分为宏观管理方式和微观管理方式。宏观管理方式一般是指市征收办负责征收补偿政策的制定和监管，各区征收办制定具体征收项目的征收补偿方案，并报区政府审批；微观管理方式一般是指市征收办不仅负责征收补偿政策的制定和监管，还对区政府审定的征收补偿方案负责审核。

请问，贵市采取的是哪一种管理方式？

## 二　房屋征收补偿费

1. 被征收房屋的价值

被征收房屋的价值是按照同类地区类似房地产的市场价值评估确定。请问，贵市"类似房地产"是参照周边的二手房还是参照周边新建普通商品房进行评估？如果参照二手房评估的情况下，评估价格与周边新建普通商品房的价格大约是一个怎么样的比例？

2. 分户评估结果公示后，征收项目周边房地产价格是否存在上涨的情况？上涨的幅度有多大？

3. 工业、交通、仓储、医院等用房的价值如何评估确定？是按原有用途，还是参照周边商业、住宅用途房屋价格进行评估，并采取相应的折扣确定？

4. 临时安置补偿标准如何确定，标准如何？对于选择货币补偿的被征收人给予临时安置补偿费吗？

5. 临时安置补偿费的标准是制定过程中，全市统一的标准，还是具体征收项目实施时评估确定？全市统一的标准如何？

6. 搬迁费的标准是由全市统一制定，还是由各区人民政府参照市场价格确定？具体标准如何？

7. 贵市停业停产补偿的内涵如何？标准如何？

8. 贵市对住房困难户有保底补偿的规定吗？前提条件和标准如何？

9. 2013—2015年，贵市房屋征收过程中选择产权调换的被征收人和选择货币补偿的被征收人的比例分别是多少？

### 三　房屋征收补助费用

1. 征收补助有哪些类别？哪些是市一级政府规定的，哪些是县（区）级规定的？

2. 货币补助的目的是鼓励被征收人选择货币补偿方式，请问贵市存在此类补助吗？标准如何？

3.《条例》规定，产权调换房屋和被征收房屋价值需支付差价，贵市有产权调换补助弥补差价吗？标准如何？

4. 建筑面积补助是为了弥补产权调换房和被征收房屋公摊系数差别的需要而设置。请问贵市存在此类补助吗？标准如何？选择货币补偿的住户享受此补助吗？

5. 贵市对生活困难被征收人有困难补助吗？补助的对象和标准如何？

6. 贵市对"住改商"房屋有经营损失补助吗？补助条件、标准如何？二楼以上也给补助吗？有无楼层限制？

7. 贵市对被征收人将工业（仓库）改住宅的如何补偿、补助？

8. 贵市对被征收人将工业（仓库）改经营的如何补偿、补助？

9. 贵市对小户型住房困难是否给予货币补助，补助标准如何？

10. 贵市还有其他补助政策吗？标准如何？

11. 未经登记建筑如何认定、补偿？

### 四　房屋征收奖励费用

1. 贵市对于征收奖励有统一标准吗？有哪些名目？

2. 贵市签约奖励标准如何？

3. 贵市是否单独设置了搬迁奖励，其适用条件如何？标准如何？

4. 贵市认为签约奖和搬迁奖能否合并？其适用条件如何？标准如何？

## 五 第三方机构服务费用

1. 贵市房屋征收补偿过程中的实施单位工作经费是否有统一标准，其内涵如何？标准如何？

2. 贵市在房屋征收过程中，是否单独设置了调查经费？标准如何？

3. 贵市在房屋征收过程中，对评估机构资质的要求如何？评估费用的设定标准如何？

4. 贵市在房屋征收过程中，审计费用标准如何？

# 附录2 被征收人征收补偿意愿调查问卷

被征收人补偿意愿调查问卷

尊敬的先生/女士：

您好！我们是华中科技大学公共管理学院土地管理系，受黄石市房地产管理局委托正在开展"旧城改造中的房屋征收补偿意愿"调查。

调查的目的一是想了解参与旧城改造的房屋所有者对住宅被征收的意愿以及意愿补偿价格和安置需求，为征收决策服务；二是想收集关于征收过程中一些关键程序的公众意见，探索黄石市房屋征收实施办法，使得房屋征收工作更加公正公平。

您的真实回答对我们的研究非常重要，衷心感谢您的参与和支持！

黄石市房地产管理局
华中科技大学公共管理学院土地管理系
调查地点：_____
调查时间：_____

请您在认同的选项上打√

**第一部分　个人和家庭情况**

1. 您的性别：A. 男　B. 女
2. 您的年龄：A. 20 岁以下　B. 21—30 岁　C. 31—40 岁
   D. 41—50 岁　E. 51—60 岁　F. 61 以上
3. 家庭结构（居住在一起的人口结构）：
   A. 单身　B. 夫妻二人　C. 夫妻加子女　D. 三代同堂
   E. 单亲家庭
4. 是否属于下列特殊家庭：（可多选）

　　A. 患有重大疾病　　B. 低保户　　C. 军烈属　　D. 劳模

　　E. 孤寡老人　　F. 残疾　　G. 无

5. 家庭人均收入：

　　A. 低保线以下　　B. 1000 元以下　　C. 1001—2000 元

　　D. 2001—3000 元　　E. 3001—5000 元　　F. 5000 元以上

6. 您的工作单位类型：（退休人员可按退休前工作单位类型选择）

　　A. 行政或事业单位　　B. 国有企业　　C. 私营企业

　　D. 个体户　　E. 自由职业者　　F. 无工作

7. 您的教育程度：

　　A. 小学以下　　B. 小学　　C. 初中

　　D. 高中或中职　　E. 大专或本科　　F. 硕士及以上

8. 被征收房屋居住时间长短：

　　A. 5 年以下　　B. 5—10 年　　C. 11—20 年　　D. 20 年以上

9. 现家庭住房套数（包括租赁住房）：

　　A. 1 套　　B. 2 套　　C. 3 套　　D. 3 套以上

10. 房屋用途：A. 自住　　B. 投资　　C. 自住兼投资

**第二部分　被征收房屋情况**

1. 房屋建成时间：

　　A. 1—5 年　　B. 6—10 年　　C. 11—15 年　　D. 16—20 年

　　E. 21—25 年　　F. 26—30 年　　G. 30 年以上

2. 产权房屋建筑面积：＿＿＿＿＿ $m^2$，占地面积：＿＿＿＿＿ $m^2$（土地使用权证面积）；

　　未登记房屋建筑面积：＿＿＿＿ $m^2$，建筑时间：＿＿＿，是否有土地证：是□ 否□

3. 未登记房屋是否接受过处罚：是□ 否□，处罚部门＿＿＿＿＿＿＿＿＿＿＿ ；

　　是否得到批准：是□ 否□，批准部门＿＿＿＿＿＿＿＿＿＿＿＿ 。

4. 房屋性质：A. 商品房　　B. 房改房、集资房　　C. 承租公房

　　D. 自建私房

5. 土地性质：A. 划拨用地　　B. 出让用地

6. 建筑类型：A. 低层（1—3 层）　　B. 多层（4—6 层）　　C. 小高层（7—11 层）

7. 建筑结构：A. 简易结构　B. 砖木结构　C. 砖混结构

　　D. 钢混结构

8. 装修程度：A. 无装修　B. 简易装修　C. 一般装修　D. 中档装修

　　E. 高档装修

9. 户型：A. 单间不带厨卫　B. 单间带厨卫　C. 一室一厅

C. 两室一厅　D. 三室一厅　E. 其他_____

10. 房屋征收阶段：A. 预调查阶段　B. 公告期　C. 评估期

　　　D. 补偿谈判期　E. 准备搬迁

11. 公告中房屋被征收后的用途是：

　　　A. 保障性用房建设　B. 商业地产开发　C. 公共基础设施建设

　　　D. 做公园绿地　E. 历史文化遗产保护　F. 其他_____

**第三部分　征收补偿意愿**

1. 您是否愿意参与本次房屋征收？

　　A. 非常不愿意　B. 有点不愿意　C. 不确定　D. 勉强愿意

　　E. 十分愿意

2. 您对改善居住现状的需求程度如何？

　　A. 完全没必要　B. 不需要　C. 无所谓　D. 强烈　E. 很强烈

3. 您是通过何种途径了解房屋征收补偿标准的？

　　A. 报纸　B. 电视　C. 电台　D. 网络　E. 亲朋介绍　F. 其他

4. 假设采取全货币补偿的方式，您愿意接受对房屋的补偿单价是同地段新建商品房单价的_____%。

5. 假设采取完全实物补偿方式就近安置，您愿意接受的安置面积是被征收房屋面积的_____%。(以实用面积算)

6. 您认为您能接受的其他的补偿标准：房屋装修_____元/$m^2$，过渡费_____元/月·$m^2$，搬家费_____元。

7. 您认为政府的房屋征收补偿方案至少需要经过多少被征收人的同意方能实行？

　　A. 50%　B. 75%　C. 90%　D. 100%

8. 对于未登记房屋的补偿，您认为以下处理方法哪种最合理？

　　A. 按成本造价给予补偿，对属于违法建筑，不予补偿

　　B. 按批准或处罚手续分类补偿

　　C. 根据相关法规出台时间，按年限划分补偿标准

9. 您认为对低保户、优抚家庭和家庭成员中有重大疾病、残疾、高龄等特殊困难的被征收人家庭，在征收其房屋时是否应该给予救助？是□ 否□；如应该给予救助，救助标准为：

　　A. 1000—3000 元　　B. 3001—5000 元　　C. 5001—10000 元

　　D. 10000 元以上　　E. 不给予救助补偿

10. 您认为对在规定时间内签订搬迁协议，积极配合征收工作的被征收人，给予奖励的合适标准为：

　　A. 1000—3000 元　　B. 3001—5000 元　　C. 5001—10000 元

　　D. 10000 元以上　　E. 不给予奖励

11. 您希望评估机构的选择由以下哪种办法决定？

　　A. 被征收人协商　　B. 被征收人投票　　C. 被征收人摇号或抽签

　　D. 政府指定　　E. 无所谓

**第四部分　安置意愿**

1. 您期望的补偿方式是什么？

　　A. 货币补偿　　B. 房屋置换　　C. 两者结合

【若选择 B、C 请回答以下第 2-8 题：】

2. 您认为按哪种房屋置换的方式比较公平？

　　A. 按建筑面积　　B. 按房屋套内建筑面积

　　C. 按新旧房屋价值结算给优惠

3. 您希望的安置地点？

　　A. 就地安置　　B. 就近安置　　C. 异地安置　　D. 皆可

4. 对于置换房屋面积超过被征收房屋价值补偿的部分，您是否愿意通过先租后买的方式先改善居住条件，等有能力支付房款时再购买？

　　A. 愿意　　B. 不愿意

5. 对于先租后买的租赁部分面积的租金，您能够接受的租金标准是 _____ 元/m²

6. 下列关于安置房屋的要求，请您根据您的需求重要程度由高到低排序：（　　　　　　　）

　　A. 离学校近　　B. 离医院近　　C. 周边生活配套齐全

　　D. 周边绿化环境好　　E. 老邻居能住在一起　　F. 污染少　　G. 小区物业管理好

7. 您希望的安置房户型：

A. 单间　B. 一室一厅　C. 一室两厅　D. 两室两厅

E. 三室两厅　F. 其他_____

8. 您希望安置房的面积_____ m$^2$，对超出补偿范围的面积，您认为应该按市场价_____%补交房价。

**第五部分　对被征收人拖延行为的态度**

1. 您认为拖延行为由下列哪些原因引起，请按由主到次顺序排列：
（　　　　　　　）

A. 对老房子的留恋　B. 补偿过低　C. 安置不满意

D. 工作不到位　E. 政府强制行为　F. 靠拖延时间获得更多补偿

2. 您对拖延搬迁行为的态度是_____（可多选）

A. 拖延行为，是维护自身权利的合理途径

B. 通过时间的拖延获取更多的补偿是对其他被征收人的不公

C. 拖延严重影响项目进程，是对其他被征收人的不公

D. 如果有超过半数以上人同意，就应该顾全大局

E. 对于恶意对抗、漫天要价的被征收人，在法律允许前提下可以强制搬迁

**第六部分　被征收人对原有房屋态度**

请您根据您对以下每句话的认同感选择认同等级，并打√

| 编号 | 问题 | 完全不同意 | 不太同意 | 无所谓 | 基本同意 | 完全同意 |
|---|---|---|---|---|---|---|
| 1 | 这里离我或家人上班的地方近 | | | | | |
| 2 | 这里就业机会多 | | | | | |
| 3 | 这里教育配套好，有利于孩子成长 | | | | | |
| 4 | 这里孩子入托求学方便 | | | | | |
| 5 | 周边绿化环境不错 | | | | | |
| 6 | 这里有散步休憩的空间 | | | | | |
| 7 | 这里周边比较安静，空气比较清新 | | | | | |
| 8 | 周边有菜场、超市，购物很方便 | | | | | |
| 9 | 这里离医院近，方便就医 | | | | | |
| 10 | 这里离商业中心近 | | | | | |

续表

| 编号 | 问题 | 完全不同意 | 不太同意 | 无所谓 | 基本同意 | 完全同意 |
|---|---|---|---|---|---|---|
| 11 | 这里公共交通很便利 | | | | | |
| 12 | 这套房子结构很安全 | | | | | |
| 13 | 老房子住得很舒适 | | | | | |
| 14 | 这套房子够我们一家人居住 | | | | | |
| 15 | 我在小区里有很多熟人 | | | | | |
| 16 | 我在有空的时候经常在小区和邻居聊天 | | | | | |
| 17 | 遇到困难，我经常会找邻居帮忙 | | | | | |
| 18 | 我觉得小区就是一个大家庭 | | | | | |
| 19 | 社区活动丰富多彩 | | | | | |
| 20 | 这个区域很有发展潜力 | | | | | |
| 21 | 这个房子未来几年价格一定会涨 | | | | | |
| 22 | 这个区域将来会很繁华 | | | | | |

**第七部分　被征收人公平感知调查（如果您的房屋正在征收过程中，请按您的实际感知选择认同度，若您的房屋尚未开始征收，请凭您的经验或感觉选择认同度）**

| 编号 | 问题 | 完全不同意 | 不太同意 | 无所谓 | 基本同意 | 完全同意 |
|---|---|---|---|---|---|---|
| 1 | 征收目的符合公共利益需要 | | | | | |
| 2 | 征收能为城市提供更多的发展空间 | | | | | |
| 3 | 征收能促进城市经济发展 | | | | | |
| 4 | 征收能改善居民生活品质 | | | | | |
| 5 | （据我了解）政府在征收过程中是一种平等的民主的态度 | | | | | |
| 6 | （据我了解）征收前政府通过不同方式征询大家的意见 | | | | | |
| 7 | （据我了解）征收期间政府总是及时发布征收进程的相关信息 | | | | | |
| 8 | （据我了解）政府提供多样化的安置方案供选择 | | | | | |

续表

| 编号 | 问题 | 完全不同意 | 不太同意 | 无所谓 | 基本同意 | 完全同意 |
|---|---|---|---|---|---|---|
| 9 | （据我了解）估价机构的选择过程是公开透明的 | | | | | |
| 10 | （据我了解）补偿方案的计算方法是公正的 | | | | | |
| 11 | （据我了解）估价机构的评估结果值得信任 | | | | | |
| 12 | （据我了解）政府对被征收人的补偿是一视同仁的 | | | | | |

感谢您的参与！

# 参考文献

[印] 阿马蒂亚·森：《伦理学和经济学》，王宇译，商务印书馆，2000 年版。

白友涛、陈赟畅：《城市更新社会成本研究》，东南大学出版社 2008 年版。

卜炜玮：《中国财产征收制度研究》，博士学位论文，清华大学，2008 年。

陈成文、张晶玉：《社会公平感对公民纳税行为影响的实证研究》，《管理世界》2006 年第 4 期。

陈泉生：《论土地征用之补偿》，《法律科学》（西北政法学院学报）1994 年第 5 期。

陈莹：《土地征收补偿及利益关系研究》，博士学位论文，华中农业大学，2008 年。

陈莹、谭术魁、张安录：《公益性、非公益性土地征收补偿的差异性研究——基于湖北省 4 市 54 村 543 户农户问卷和 83 个征收案例的实证》，《管理世界》2009 年第 10 期。

程大林、张京祥：《城市更新：超越物质规划的行动与思考》，《城市规划》2004 年第 2 期。

崔霁、钱建平、方之骥：《城市房屋拆迁补偿制度的国际比较及借鉴》，《中国房地产》2006 年第 10 期。

单菁菁：《城市社区情感研究》，博士学位论文，中国社会科学院研究生院，2003 年。

单菁菁：《社区归属感与社区满意度》，《城市问题》2008 年第 3 期。

单松：《城市拆迁过程的被拆迁者心理分析》，《辽宁行政学院学报》2011 年第 2 期。

董彪、吕丽丽：《公正补偿原则的概念解析与立法建议》，《太原理工大学学报》（社会科学版）2006年第3期。

董玛力、陈田、王丽艳：《西方城市更新发展历程和政策演变》，《人文地理》2009年第5期。

桂勇、黄荣贵：《社区社会资本测量：一项基于经验数据的研究》，《社会学研究》2008年第3期。

郭斌、董明明：《旧城改造过程中的收益分配模型构建》，《科技创业月刊》2009年第4期。

郭斌、武小岩：《关于失地农民生活效用的补偿研究》，《安徽大学学报》（哲学社会科学版）2007年第5期。

郭玉亮：《城市拆迁现象透析：利益冲突下的多方博弈》，《现代经济探讨》2011年第2期。

侯杰泰、温忠麟、成子娟：《结构方程模型及其应用》，经济科学出版社2004年版。

姜明安：《公共利益与"公共利益优先"的限制》，《中国发展观察》2006年第10期。

李怀、邵慰：《基于帕累托改进的城市拆迁制度研究》，《经济管理》2009年第4期。

李荣山：《劳动价值论与效用价值论关系辨析》，《山东财政学院学报》2006年第6期。

刘凤良、周业安、陈彦斌等：《行为经济学：理论与扩展》，中国经济出版社2008年版。

刘国臻：《论我国土地征收公共利益目的之边界》，《中国行政管理》2010年第9期。

刘洪彬、王秋兵：《基于特征价格模型的城市住宅用地出让价格影响因素研究》，《经济地理》2011年第6期。

刘竞：《城市房地产拆迁补偿溢价共享原则研究》，博士学位论文，中国政法大学，2010年。

刘宁、梁宸：《房屋拆迁中土地使用权价值补偿机制探讨》，《城市发展研究》2010年第5期。

刘祥琪、陈钊、赵阳：《程序公正先于货币补偿：农民征地满意度的决定》，《管理世界》2012年第2期。

刘勇、李鹏：《边际效用论价值述评》，《价值工程》2005年第1期。

龙奋杰、郑思齐、王轶军等：《基于空间计量经济学模型的城市公共服务价值估计》，《清华大学学报》（自然科学版）2009 年第 12 期。

卢新海、黄善林：《拆迁评估中存在的问题及解决途径》，《城市问题》2007 年第 1 期。

罗宾斯：《经济科学的性质和意义》，商务印书馆 2000 年版。

马歇尔：《经济学原理》，华夏出版社 2005 年版。

闵一峰、吴晓洁、黄贤金等：《城市房屋拆迁主体行为的博弈分析》，《中国房地产》2005 年第 4 期。

欧阳恩钱：《台湾地区"都市计划容积移转办法"对我国城市房屋拆迁补偿的启示》，《前沿》2005 年第 2 期。

彭小兵、张保帅：《城市拆迁中的维权博弈》，《城市问题》2009 年第 1 期。

彭小兵、郑荣娟：《利益博弈、制度公正与城市拆迁纠纷化解机制》，《重庆大学学报》（社会科学版）2010 年第 01 期。

平狄克、鲁宾费尔德：《西方经济学》，中国人民大学出版社 2006 年版。

屈仁斌：《城市房屋拆迁土地发展权补偿评估研究》，博士学位论文，重庆大学，2008 年。

史清华、晋洪涛、卓建伟：《征地一定降低农民收入吗：上海 7 村调查——兼论现行征地制度的缺陷与改革》，《管理世界》2011 年第 3 期。

唐忠民：《新征收与拆迁补偿条例应细化"公共利益"》，《法学》2010 年第 3 期。

涂四益：《从拆迁到征收——当下中国拆迁面临的问题、出路及难点》，《法学评论》2010 年第 3 期。

汪晖：《城乡结合部的土地征用：征用权与征地补偿》，《中国农村经济》2002 年第 2 期。

汪晖、黄祖辉：《公共利益、征地范围与公平补偿——从两个土地投机案例谈起》，《经济学》（季刊）2004 年第 4 期。

王德、黄万枢：《Hedonic 住宅价格法及其应用》，《城市规划》2005 年第 3 期。

王利明：《物权法草案中征收征用制度的完善》，《中国法学》2005 年第 6 期。

王海明：《效用论价值定义辩难》，《浙江社会科学》2003 年第 3 期。

王海明：《边际效用论之我见》，《华侨大学学报》（哲学社会科学版），2011 年第 2 期。

王太高：《土地征收制度比较研究》，《比较法研究》2004 年第 6 期。

王太高：《公共利益范畴研究》，《南京社会科学》2005 年第 7 期。

王霞：《房屋征收评估与补偿的公平性问题探讨》，《价值工程》2011 年第 23 期。

温海珍：《城市住宅的特征价格：理论分析与实证研究》，博士学位论文，浙江大学，2004 年。

吴春：《大规模旧城改造过程中的社会空间重构》，博士学位论文，清华大学，2010 年。

吴明隆：《结构方程模型：AMOS 的操作与应用》，重庆大学出版社，2009 年。

［英］亚瑟·赛斯尔·庇古：《福利经济学》，何玉长等译，上海财经大学出版社，2009 年。

杨冬宁：《城市环境对住宅价格形成的影响分析》，《城市规划》2011 年第 6 期。

杨广武、孔令洋、梁青槐等：《北京地铁八通线对沿线住宅价值影响分析》，《北京交通大学学报》2008 年第 3 期。

杨青、唐学玉：《城市房屋拆迁补偿不足的经济分析》，《工程管理学报》2011 年第 3 期。

杨亦乔：《城市拆迁补偿的价值基础及其量的确定》，《中国房地产》2002 年第 5 期。

叶剑平、田晨光：《我国城市房屋拆迁的制度缺陷与路径选择》，《华中师范大学学报》（人文社会科学版）2010 年第 5 期。

叶耀先：《城市更新的理论与方法》，《建筑学报》1986 年第 10 期。

易继明、周琼：《论具有人格利益的财产》，《法学研究》2008 年第 1 期。

喻燕：《意愿调查法在房屋拆迁补偿价格评估中的运用——以武汉市为例》，《技术经济》2007 年第 3 期。

张军涛、刘建国：《城市房屋拆迁改造对居民生活影响研究》，《财经问题研究》2008 年第 1 期。

张千帆:《"公正补偿"与征收权的宪法限制》,《法学研究》2005 年第 2 期。

张千帆:《"公共利益"的构成——对行政法的目标以及"平衡"的意义之探讨》,《比较法研究》2005 年第 5 期。

张韵声:《征用补偿制度比较研究》,博士学位论文,对外经济贸易大学,2006 年。

赵京、白会军、杨钢桥:《武汉市房屋拆迁中被拆迁人意愿调查研究》,《中国房地产》2007 年第 10 期。

郑贤君:《"公共利益"的界定是一个宪法分权问题——从 Eminent Domain 的主权属性谈起》,《法学论坛》2005 年第 1 期。

钟海玥、张安录、蔡银莺:《武汉市南湖景观对周边住宅价值的影响——基于 Hedonic 模型的实证研究》,《中国土地科学》2009 年第 12 期。

邹红、喻开志:《我国城镇居民家庭资产选择行为研究》,《金融发展研究》2010 年第 9 期。

Adams J. S., "Towards an Understanding of Inequity", *The Journal of Abnormal and Social Psychology*, 1963, 67 (5).

Amerigo M, Aragones J. I., "Residential Satisfaction in Council Housing", *Journal of Environmental Psychology*, 1990, 10 (4).

Amerigo M., Aragones J. I., "A Theoretical and Methodological Approach to the Study of Residential Satisfaction", *Journal of environmental psychology*, 1997, 17 (1).

Arrow K. J., *Social Choice and Individual Values*, New Haven: Yale University Press, 1963.

Barros, B, "Home as a Legal Concept". *Santa Clara Law Review*, 2006, 46 (2).

Basolo, V., Strong, D., "Understanding the Neighborhood: From Residents' Perceptions and Needs to Action", *Housing Policy Debate*, 2002, 13 (1).

Blume, L., Rubinfeld, D. L., "Compensation for Takings: An Economic Analysis", *California Law Review*, 1984, 72 (4).

Boyle, M. A., Kiel, K. A., "A Survey of House Price Hedonic

Studies of the Impact of Environmental Externalities", *Journal of Real Estate Literature*, 2001, 9 (2).

Burrows, P., "Compensation for Compulsory Acquisition", *Land Economics*, 1991, 67 (1).

Camerer, C. F., "Progress in Behavioral Game Theory", *The Journal of Economic Perspectives*, 1997, 11 (4).

Camerer, C. F., Ho T. H, Chong J. K, "Sophisticated Experience - Weighted Attraction Learning and Strategic Teaching in Repeated Games", *Journal of Economic Theory*, 2002, 104 (1).

Camerer, C., Thaler R. H, "Anomalies: Ultimatums, Dictators and Manners", *The Journal of Economic Perspectives*, 1995, 9 (2).

Carmon, N., "Three Generations of Urban Renewal Policies: Analysis and Policy Implications", *Geoforum*, 1999, 30 (2).

Chang, Y., "An Empirical Study of Compensation Paid in Eminent Domain Settlements: New York City 1990 - 2002", *Journal of Legal Studies*, 2008, 28 (1).

Charness, G., Rabin M, "Understanding Social Preferences with Simple Tests", *The Quarterly Journal of Economics*, 2002, 117 (3).

Cohen, C. E., "Eminent Domain After Kelo V. City of New London: An Argument for Banning Economic Development Takings", *Harvard Journal of Law & Public Policy*, 2005, 29 (2).

Cohen, L., "Holdouts and Free Riders", *The Journal of Legal Studies*, 1991, 20 (2).

Cypher, M. L., Forgey F. A, "Eminent Domain: An Evaluation Based On Criteria Relating to Equity, Effectiveness, and Efficiency", *Urban Affairs Review*, 2003, 39 (2).

Dubin, R. A., "Spatial Autocorrelation: A Primer", *Journal of Housing Economics*, 1998, 7 (4).

Dye, R. F., Mcmillen D. P, "Teardowns and Land Values in the Chicago Metropolitan Area", *Journal of Urban Economics*, 2007, 61 (1).

Eckart, W., "On the Land Assembly Problem", *Journal of Urban Economics*, 1985, 18 (3).

Edens, D. C., "Eminent Domain, Equity and the Allocation of Resources", *Land Economics*, 1970, 46 (3).

Epstein, R. A., *Takings: Private Property and the Power of Eminent Domain*, Harvard University Press, 1985.

Fee, J., "Eminent Domain and the Sanctity of Home", *Notre Dame Law Review*, 2005, 81 (3).

Fennell, L. A., "Taking Eminent Domain Apart", *University of Illinois Legal Working Paper Series*, 2005.

Gallagher, E. F., "Breaking New Ground: Using Eminent Domain for Economic Development", *Fordham Law Review*, 2004, 73.

Garnett, N. S., "The Neglected Political Economy of Eminent Domain", *Michigan Law Review*, 2006, 105 (1).

Geanakoplos, J., Pearce, D., Stacchetti, E., "Psychological Games and Sequential Rationality", *Games and Economic Behavior*, 1989, 1 (1).

Genesove, D., Mayer, C., "Loss Aversion and Seller Behavior: Evidence From the Housing Market", *The Quarterly Journal of Economics*, 2001, 116 (4).

Giammarino, R., Nosal, E., "Loggers Versus Campers: Compensation for the Taking of PropertyRights", *Journal of Law, Economics, and Organization*, 2005, 21 (1).

Gordon, I. M., Knetsch, J. L., "Consumer's Surplus Measures and the Evaluation of Resources", *Land Economics*, 1979, 55 (1).

Grossman, S. J., Hart, O. D., "Takeover Bids, the Free – Rider Problem, and the Theory of the Corporation", *The Bell Journal of Economics*, 1980, 11 (1).

Güth, W., "On Ultimatum Bargaining Experiments: A Personal Review", *Journal of Economic Behavior & Organization*, 1995, 27 (3).

Güth, W., Schmittberger, R., Schwarze B, "An Experimental Analysis of Ultimatum Bargaining", *Journal of Economic Behavior & Organization*, 1982, 3 (4).

Güth, W., Tietz, R., "Ultimatum Bargaining Behavior: A Survey and Comparison of Experimental Results", *Journal of Economic Psychology*, 1990,

11 (3).

Güth, W. , Van Damme, E. , "Information, Strategic Behavior, and Fairness in Ultimatum Bargaining: An Experimental Study", *Journal of Mathematical Psychology*, 1998, 42 (2-3).

Heller, M. A. , Krier, J. E. , "Deterrence and Distribution in the Law of Takings", *Harvard Law Review*, 1998, 112 (5).

Hermalin, B. E. , "An Economic Analysis of Takings", *Journal of Law, Economics, & Organization*, 1995, 11 (1).

Horowitz, J. K. , Mcconnell, K. E., "A Review of WTA/WTP Studies", *Journal of Environmental Economics and Management*, 2002, 44 (3).

Hu, L. , Bentler, P. M. , "Cutoff Criteria for Fit Indexes in Covariance Structure Analysis: Conventional Criteria Versus New Alternatives", *Structural Equation Modeling: A Multidisciplinary Journal*, 1999, 6 (1).

Jacobs, J. , *The Death and Life of Great American Cities*, Random House Digital, Inc, 1961.

Kahneman, D. , Knetsch, J. L. , Thaler, R. H. , "Fairness and the Assumptions of Economics", *Journal of Business*, 1986, 59 (4).

Kahneman, D. , Knetsch, J. L. , Thaler, R. H. , "Experimental Tests of the Endowment Effect and the Coase Theorem", *Journal of political Economy*, 1990, 98 (6).

Kahneman, D. , Knetsch, J. L. , "Thaler R. H, Anomalies: The Endowment Effect, Loss Aversion, and Status Quo Bias", *The Journal of Economic Perspectives*, 1991, 5 (1).

Kahneman, D. , Thaler, R. , "Economic Analysis and the Psychology of Utility: Applications to Compensation Policy", *The American Economic Review*, 1991, 81 (2).

Kahneman, D. , Tversky, A., "Prospect Theory: An Analysis of Decision Under Risk", *Econometrica: Journal of the Econometric Society*, 1979, 47 (2).

Knetsch, J. L., "Environmental Policy Implications of Disparities Between Willingness to Pay and Compensation Demanded Measures of Values",

*Journal of Environmental Economics and Management*, 1990, 18 (3).

Knetsch, J. L., Borcherding T. E, "Expropriation of Private Property and the Basis for Compensation", *The University of Toronto Law Journal*, 1979, 29 (3).

Knetsch, J. L., Sinden . A, "Willingness to Pay and Compensation Demanded: Experimental Evidence of an Unexpected Disparity in Measures of Value", *The Quarterly Journal of Economics*, 1984, 99 (3).

Knez, M. J., Camerer, C. F., "Outside Options and ? Social Comparison in Three-Player Ultimatum Game Experiments", *Games and Economic Behavior*, 1995, 10 (1).

Krier, J. E., Serkin, C., "Public Ruses", *Mich. St. L. Rev*, 2004, 102.

Ladd, G. W., Suvannunt, V., "A Model of Consumer Goods Characteristics", *American Journal of Agricultural Economics*, 1976, 58 (3).

Lancaster, K. J, "A New Approach to Consumer Theory", *The Journal of Political Economy*, 1966, 74 (2).

Leventhal, G. S., *What Should be Done with Equity Theory?* New York City: Plenum Press , 1980.

Lind, E. A., Tyler, T. R., *The Social Psychology of Procedural Justice*, Plenum Publishing Corporation, 1988.

Liu, A. M. M., "Residential Satisfaction in Housing Estates: A Hong Kong Perspective", *Automation in construction*, 1999, 8 (4).

Lopez, E., Totah, S., "Kelo and its Discontents: The Worst ( Or Best?) Thing to Happen to Property Rights", *The Independent Review*, 2007, 11 (3).

Mcmillen, D. P., "The Return of Centralization to Chicago: Using Repeat Sales to Identify Changes in House Price Distance Gradients", *Regional Science and Urban Economics*, 2003. 33 (3).

Merrill, T. W., "Judicial Deference to Executive Precedent", *Yale Law Journal*, 1992, 101 (5).

Miceli, T. J., Segerson K, "A Bargaining Model of Holdouts and Takings", *American Law and Economics Review*, 2007, 9 (1).

Miceli, T. J., Segerson K, *The Economics of Eminent Domain: Private*

*Property*, *Public* *Use*, *and* *Just* *Compensation*, The Netherland: Now Publishers Inc, 2007.

Miceli, T. J. , Sirmans C. F, "The Holdout Problem, Urban Sprawl, and Eminent Domain", *Journal of Housing Economics*, 2007, 16 (3-4).

Michelman, F. I. , "Property, Utility, and Fairness: Comments On the Ethical Foundations of" Just Compensation", *Harvard Law Review*, 1967, 80 (6).

Mohit, M. A. , Ibrahim M, Rashid Y. R, "Assessment of Residential Satisfaction in Newly Designed Public Low-Cost Housing in Kuala Lumpur, Malaysia", *Habitat International*, 2010, 34 (1).

Munch, P. , "An Economic Analysis of Eminent Domain", *The Journal of Political Economy*, 1976, 34 (8).

Nadler, J. , Diamond, S. S. , "Eminent Domain and the Psychology of Property Rights: Proposed Use, Subjective Attachment, and Taker Identity", *Journal of Empirical Legal Studies*, 2008. 5 (4).

O'Flaherty, B. , "Land Assembly and Urban Renewal", *Regional Science and Urban Economics*, 1994, 24 (3).

Pace, R. K. , Gilley, O. W. , "Estimation Employing a Priori Information within Mass Appraisal and Hedonic Pricing Models", *The Journal of Real Estate Finance and Economics*, 1990, 3 (1).

Rabin, M. , "Incorporating Fairness Into Game Theory and Economics", *The American Economic Review*, 1993, (5).

Radin, M. J. , "Property and Personhood", *Stanford Law Review*, 1981, 34 (5).

Rigdon, E. E. , "A Necessary and Sufficient Identification Rule for Structural Models Estimated in Practice", *Multivariate Behavioral Research*, 1995 30 (3).

Roberts, P. W. , Sykes, H. , *Urban Regeneration: A Handbook*, Sage Publications Ltd, 2000.

Rosen, S. , "Hedonic Prices and Implicit Markets: Product Differentiation in Pure Competition", *The Journal of Political Economy*, 1974, 82 (1).

Span, H. A. , *Public Choice Theory and the Political Utility of the*

Takings Clause, Idaho L. Rev, 2003, 40.

Strahilevitz, M., Loewenstein, G., "The Effect of Ownership History On the Valuation of Objects", *Journal of Consumer Research*, 1998, 25 (3).

Sunshine, J., Tyler, T. R., "The Role of Procedural Justice and Legitimacy in Shaping Public Support for Policing", *Law & Society Review*, 2003, 37 (3).

Tankebe, *Public Cooperation Public with the Police in Ghana: Dose Procedural Fairness Matter?* Criminology, 2009, 47 (4).

Thibaut, J. W., Walker, L., *Procedural Justice: A Psychological Analysis. L*, Erlbaum Associates Hillsdale, 1975.

Thrasher, J. F., Besley, J. C., González, W., "Perceived Justice and Popular Support for Public Health Laws: A Case Study Around Comprehensive Smoke – Free Legislation in Mexico City", *Social Science & Medicine*, 2010, 70 (5).

Tideman, T. N., Plassmann, F., "Fair and Efficient Compensation for Taking Property Under Uncertainty", *Journal of Public Economic Theory*, 2005, 7 (3).

Tsuchiya, A., Miguel, L. S., Edlin, R., et al, "Procedural Justice in Public Healthcare Resource Allocation", *Applied health economics and health policy*, 2005, 4 (2).

Tversky, A., Kahneman, D., "Loss Aversion in Riskless Choice: A Reference-Dependent Model", *The Quarterly Journal of Economics*, 1991, 106 (4).

Van Dijke M, Verboon P, "Trust in Authorities as a Boundary Condition to Procedural Fairness Effects On Tax Compliance", *Journal of Economic Psychology*, 2010, 31 (1).

Von Hoffman, A., "A Study in Contradictions: The Origins and Legacy of the Housing Act of 1949", *Housing Policy Debate*, 2000, 11 (2).

Wells, W., "Type of Contact and Evaluations of Police Officers: The Effects of Procedural Justice Across Three Types of Police-Citizen Contacts", *Journal of Criminal Justice*, 2007, 35 (6).

Wilk, C. J., "Struggle Over the Public Use Clause: Survey of Holdings and Trends, 1986-2003", *Real Property, Probate and Trust Journal*, 2004, 39 (2).

# 后　记

　　本书是在我的博士论文《旧城改造中住宅被征收人受偿意愿研究》和住建部委托项目《国有土地上房屋征收与补偿条例》修订的研究基础上完成的。成书之际，特别感谢两位老师，帮助我完成了一个科研工作者梦寐以求的学习过程：从理论构建到实证观察再反思理论。

　　首先感谢我的导师卢新海教授。从硕士开始，卢老师就带着我参与各类项目的申报、调查和研究，小到县级市的土地整理规划项目，大到国家社科重大项目的海外耕地投资研究，老师不仅把我们领进了学术的殿堂，更为我们树立了师道尊严和天下为公的职业理想。

　　还要感谢长期在政府一线从事房屋征收实务的吴世德先生。他作为《国有土地上房屋征收与补偿条例》修订项目的首席专家，在他的安排和指导下，使得课题组能够在全国 43 个城市进行深入调研。吴先生丰富的实践经验、敏锐的政策视野和深厚的人文底蕴让我受益匪浅。

　　此书只是起点，让我认识到不动产征收补偿问题研究依然任重道远，未来更需砥砺前行。

王玥

2019 年 6 月于喻园